自滅へ向かうアジアの星　日本

少子化こそ、わが国未曽有の国難だ

中村　功

まえがき

わが国マスコミ論壇の国家論として多い衰亡論は、たとえば昨年12月に発売された高名な中西輝政京都大学名誉教授の「アメリカ帝国衰亡論」を始め、「韓国崩壊論」もしくは「中国崩壊論」等、多々ありますが、我が足元の日本の盛衰論は、私の知る限りほとんどありません。

現在、わが国の将来に対して不安を持っている人が多いのにも拘わらず、です。外国のことはそれはそれとして、我が日本の将来こそ各分野において、多くの危機にさらされているにも拘わらず、その実態、対策、将来への展望をなぜか論じようとしない。

わが国の危機というならば、

第1は失われた20年に象徴されるGDPの長期低迷と世界的経済における地位の低下である。

第2は、世界に類を見ない急激な少子化により、歴史始まって以来の人口減少が眼前に現れているにも拘わらず、効果が見込まれる何の対策もない。

第3は、政治であり、個々の政策は別として20年30年の長期展望政策はなく、全て対症療法、目の前の問題の処理に右往左往している。

第4は外交としての中国への対処の仕方。安倍総理の昨年（平成30年）10月の訪中で、中国への一帯一路の協力とスワップ協定による金融的支援にも拘わらず、尖閣列島、反日教育、靖国問題の言及はゼロだった。

第5は、憲法改正。安倍政権がいくら力んでも、自民党議員、公明党を見ればよく分かる。格好だけだ。

第6は、日本社会全体の幼稚化である。

本書はこれらの問題を具体的に取り上げて行き、その対策案を明示したい。

心から日本の将来を憂いている多くの日本人の心に訴えて行き、我々の子孫へ夢と希望のある未来を引き継ぐ為に、何をしなければならないかを世に問うものでもあります。

このままでは子供達が可哀想です。だらしない大人が何もしなかった不戦敗の結果の現社会を、次の世代に引き継がせるわけにはいきません。

尚、お前も口だけではないかと言われるなら、「私は断固やります。ぜひ見てください」と言っておきます。

平成31年2月27日

中村　功

目次

第1章　平成30年間を振り返って

実情の分析はできても経済縮小などの原因や対策がない

「まえがき」で、日本の危機として第1にＧＤＰの長期低迷と世界的経済における地位の低下、第2に急激な人口減少が眼前に現れているにも拘わらず何の対策もないと書きました。

そのことを端的に示す記事が『産経新聞』に掲載されていましたので紹介します。『論壇時評』1月号「平成30年間を振り返って」の中に、「撤退戦に追われた平成の30年」と題した座談会です。一部抜粋して紹介します。

1　この30年で日本の地位がどんどん低下し国の借金はＧＤＰの２３０％まで積み上がり、何十年も前から予測された少子化では何の手も打たなかった。本質的な改革をしないまま小手先のことばかりやり国際社会における日本は一流国から二流国になってしまった。

2「経済はここ20年以上停滞というより縮小している。実質賃金は20年で15％減少した。根本的原因は実体経済の飽和だろう。

3　政府が決定した来年度予算案を見ると日本の国力低下は一目瞭然だ。少子高齢化で社会保障費が歳出の3割超、それに借金の返済に充てる国債を合わせると全体の6割に達する。ばらまきと批判される予算だが、ばらまきの余地すら乏しくなっている。日本に残された時間は少ない。

実情はその通りですが、なぜそうなったか、即ち「何が原因で経済が縮小し、実質賃金が下がったか、それに対して具体的に政府が何をすべきか」などの原因の分析や対策案も特にありませんでした。

その中でも私が最も指摘したいのは、それらに対して多くの国民が問題意識すら無いということです。それが最大の問題です。また問題意識はあっても、自分たちではどうすることもできないと諦めているのが日本社会なのです。

一国が衰退するということはこういうことであり、国民全体が無気力になってしまいます。明治と昭和の高度成長時代と比べてみると一目瞭然です。

現在わが国にはどのような国家的問題があるのか、またそれらの問題をどうすればいいのかを具体的に論じていきます。

ＧＤＰの構成比と家計消費の重要性

ＧＤＰとは1年間の国内総生産のことで、世界で共通する統計として米ドルで表記され、一国の経済力と成長力の指標とされています。

この数値を見る時、ＧＤＰの構成比に注目してください。家計消費の重要性がわかります。例えば、日本の構成比は、概ね次のとおりです。

Ａ、国内家計消費　約56％
Ｂ、政府支出（政府消費と投資）　20％前後
Ｃ、そのほか（投資と貿易）　24％

ちなみにアメリカはＧＤＰに対する消費（Ａ）の割合は70％前後であり、ＥＵ諸国は53％～61％、イギリスはアメリカ並みに66％となっています。先進国の場合ＧＤＰに対する消費の比重が大きく、ＧＤＰ成長の鍵は消費にあると言えるのです。

その消費が日本だけが、この20年～30年は横ばいで成長率ゼロとなっています。ＧＤＰ

がゼロ成長となるのは必然です。

小室直樹教授は『経済原論』で、GDP＝消費とはっきり言っております。

それに関連する図表を次に紹介します。表－１は世界先進国の家計消費支出、図－１〜６は先進国各国のGDPと家計消費の推移を示すグラフです。

表1　世界先進国の家計消費支出　単位10億ドル

西暦 ＼ 国	1995年	2000年	2005年	2010年	2015年	2016年	成長率
アメリカ	6,873	8,312	9,362	10,202	11,048	11,763	186%
日　本	2,659	2,810	2,860	2,880	2,910	2,910	109%
ドイツ	1,709	1,827	1,858	1,941	1,998	2,074	121%
イギリス	1,116	1,332	1,534	1,600	1,677	1,768	158%
フランス	1,109	1,245	1,349	1,496	1,508	1,563	141%
韓　国	275	281	283	282	293	291	106%

総務省統計局世界の統計より

＊為替相場の変動で日本の場合円環換算の数字と、かなりの誤差がある。

図1　ドイツのGDPと家計消費（単位10億ドル）

グラフ上：GDP　グラフ下：家計消費

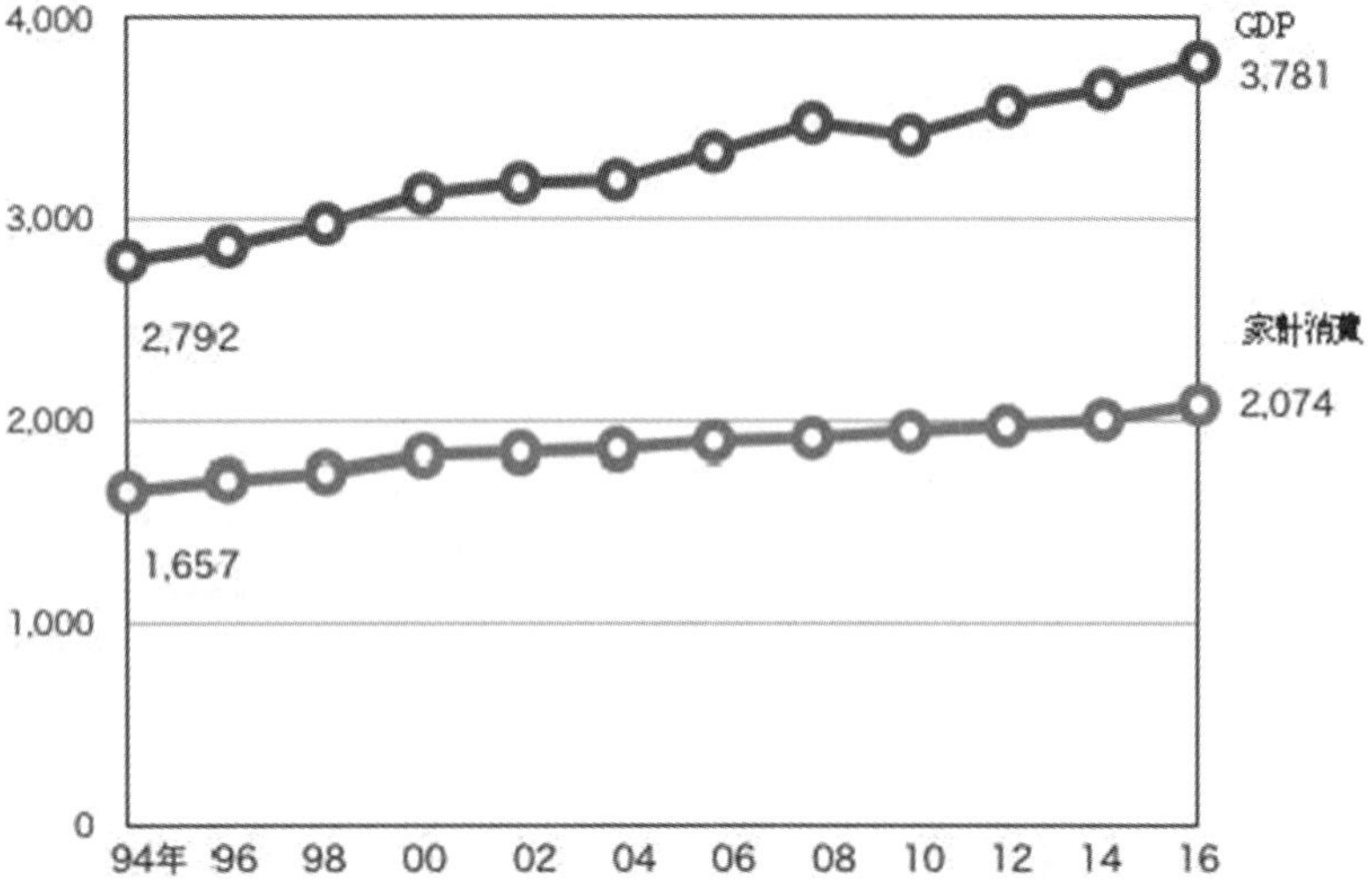

図2　イギリスのGDPと家計消費（単位10億ドル）

グラフ上：GDP　グラフ下：家計消費

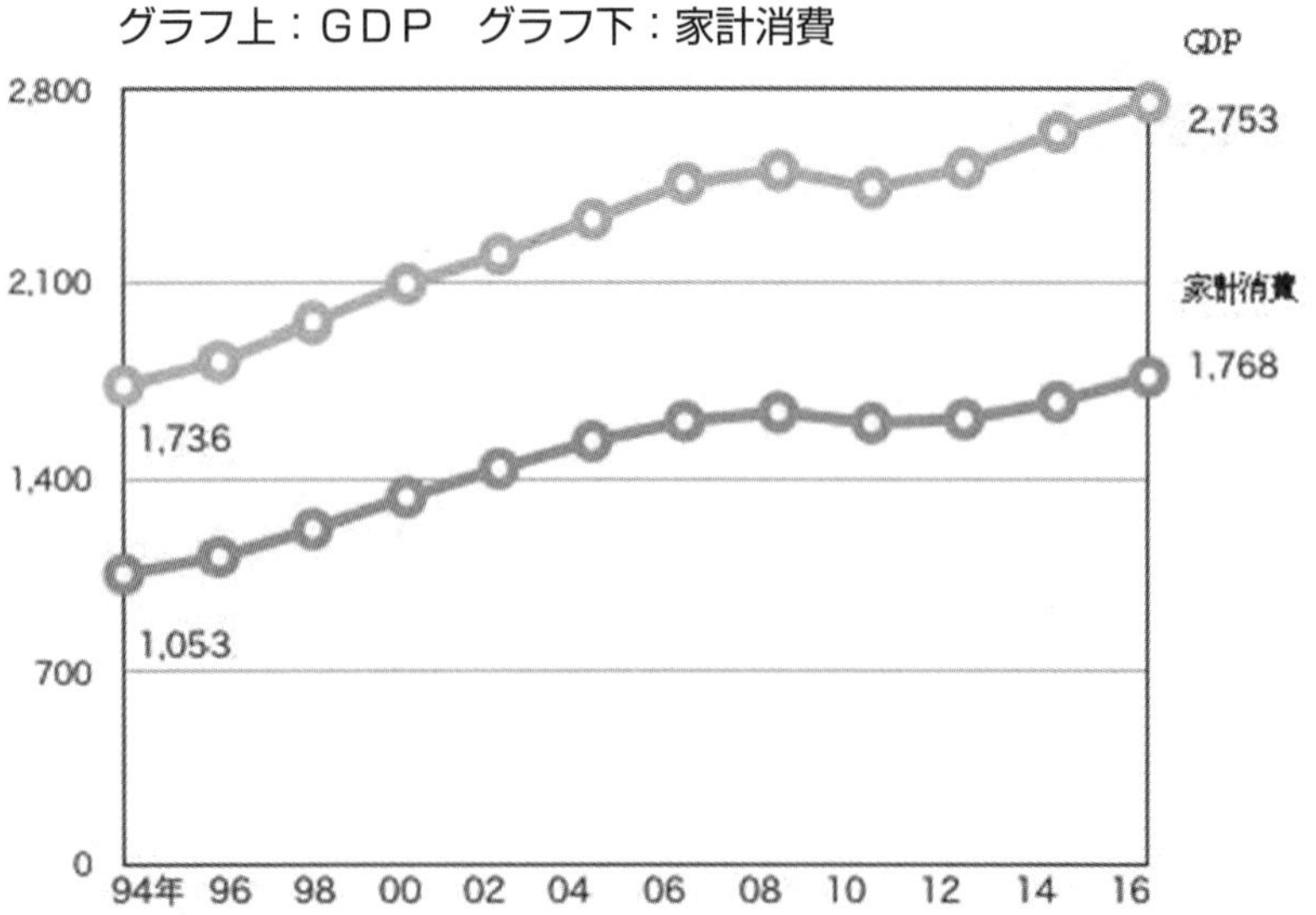

図3　アメリカのGDPと家計消費（単位 10 億ドル）

グラフ上：GDP　グラフ下：家計消費

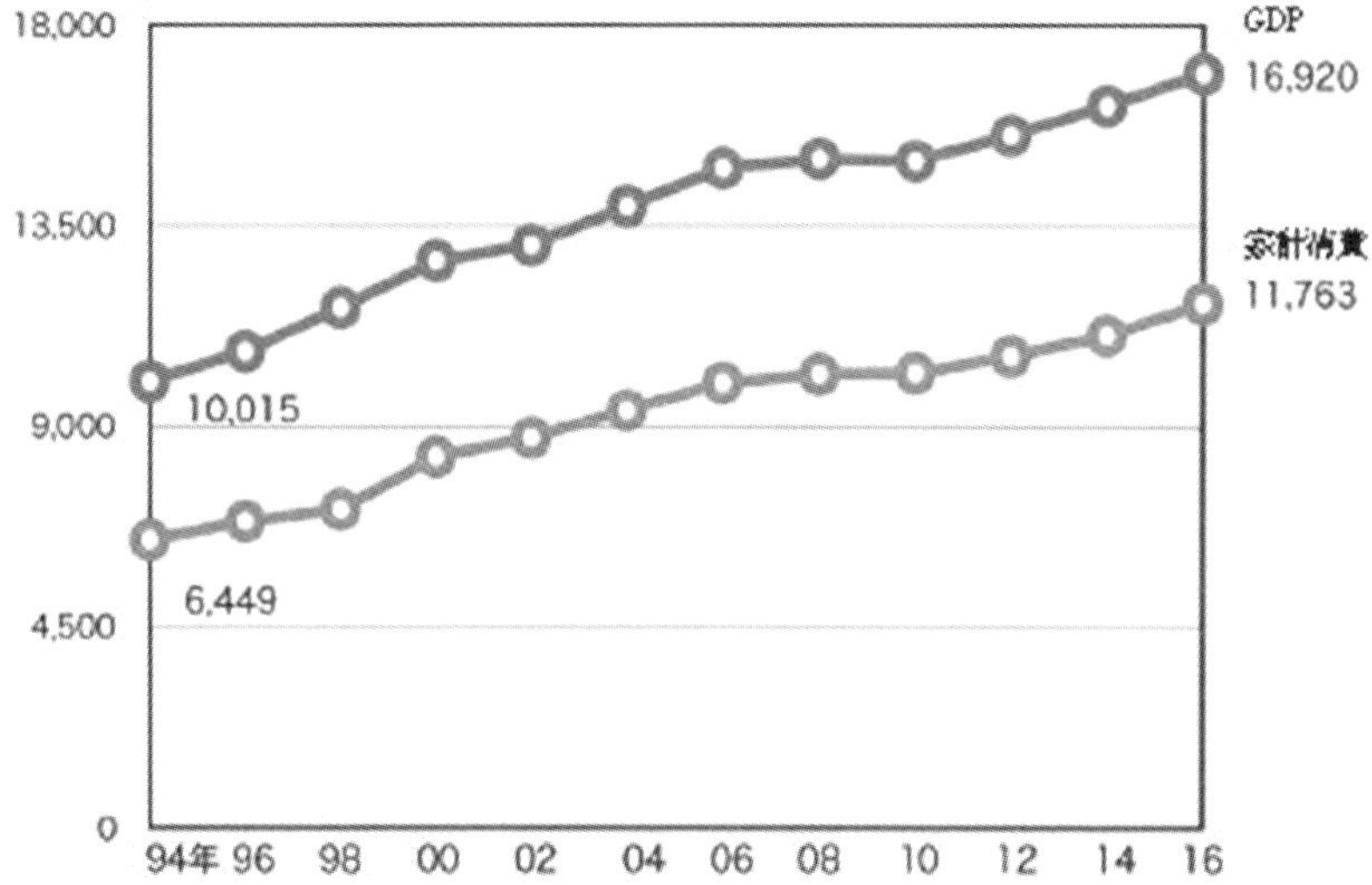

図4　フランスのGDPと家計消費（単位 10 億ドル）

グラフ上：GDP　グラフ下：家計消費

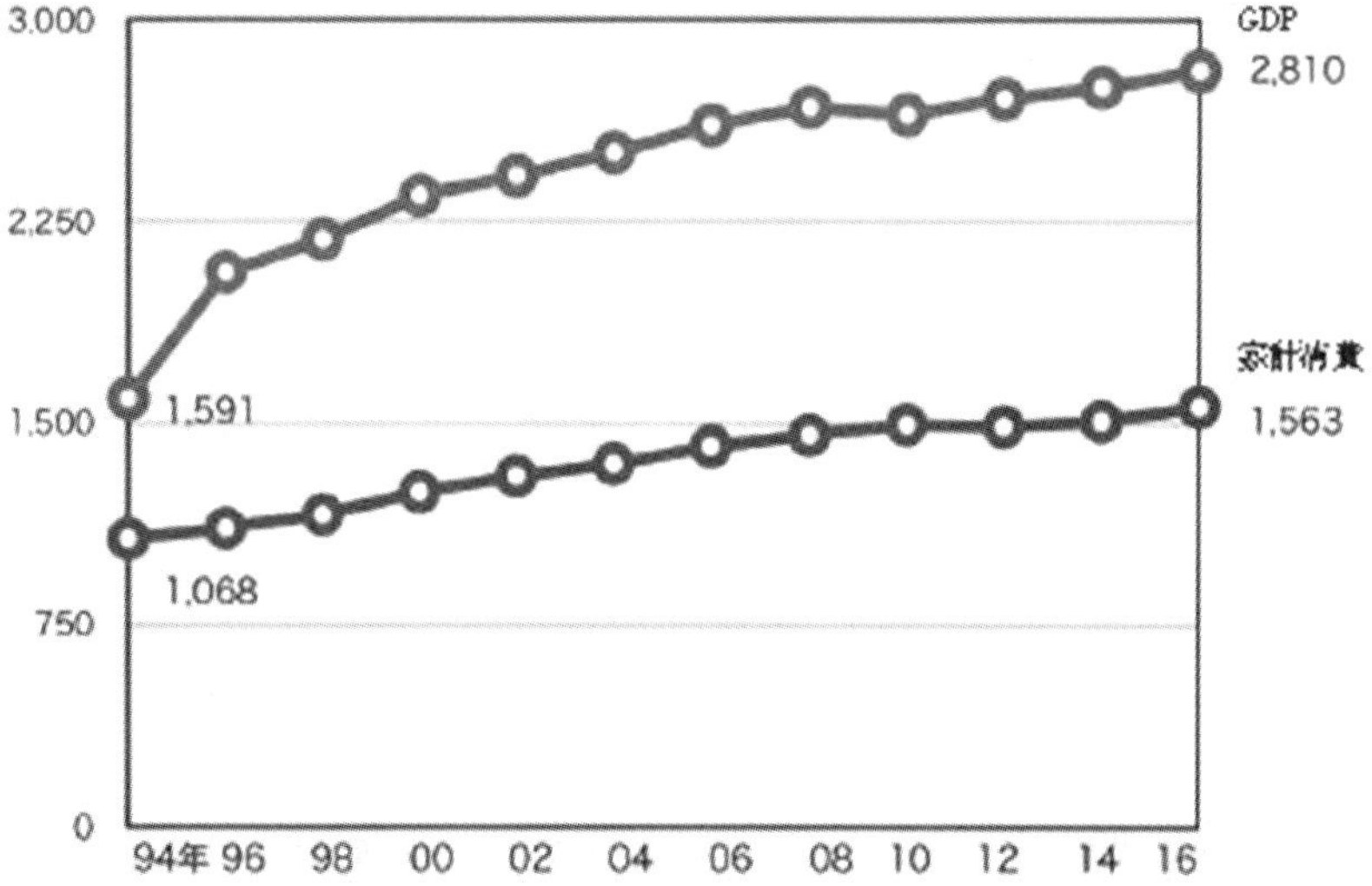

図5　韓国のGDPと家計消費（単位 10 億ドル）

グラフ上：GDP　グラフ下：家計消費

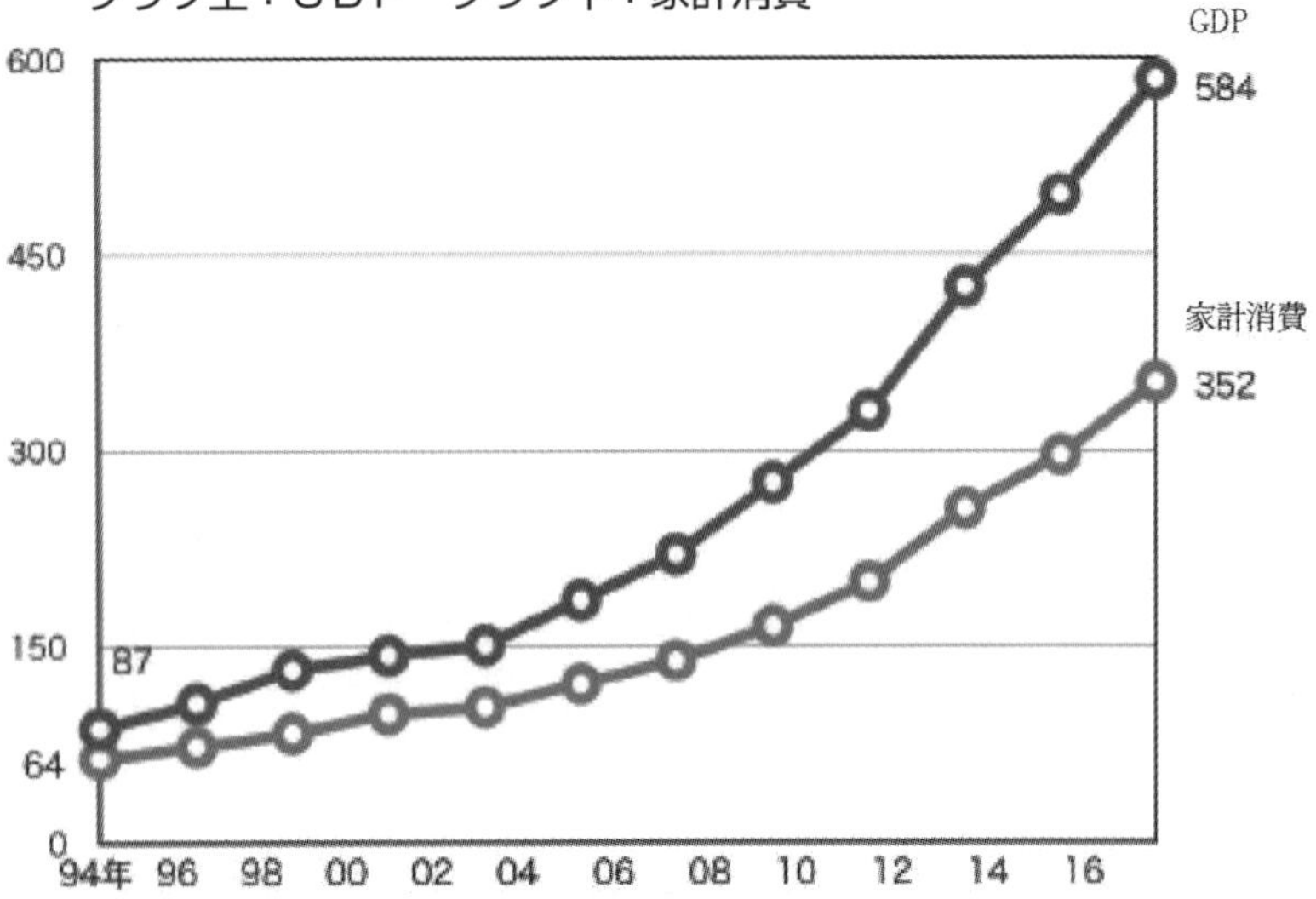

図6　日本のGDPと家計消費（単位 10 億ドル）

グラフ上：GDP　グラフ下：家計消費

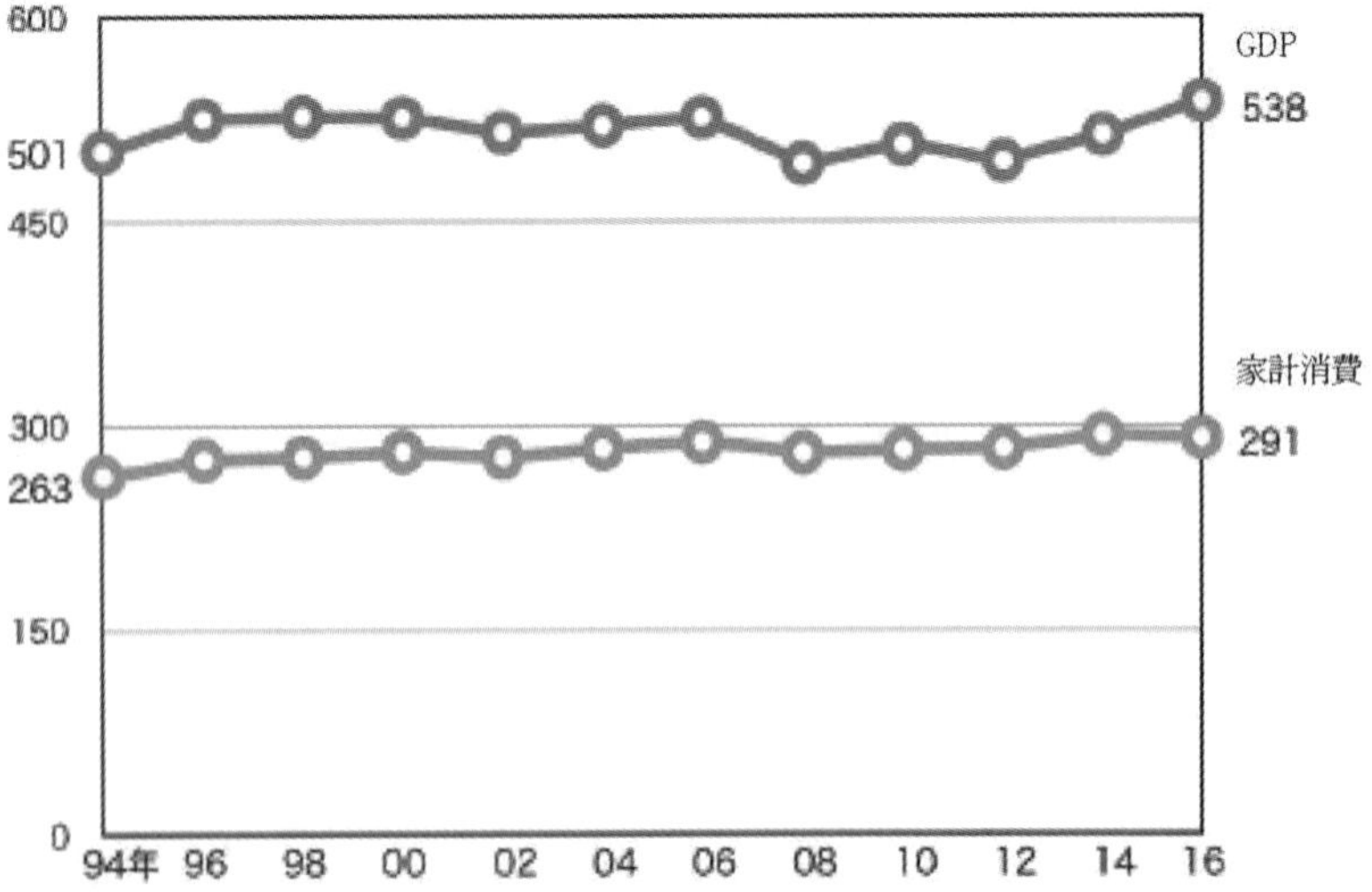

ゼロ成長の日本の国力、ＧＤＰ（国内総生産）

次ページの表２はＧＤＰの成長率、前掲の図１〜６は先進各国の消費の成長率、そして表３はＧＤＰの世界シェアです。これらを見るとその差は一目瞭然です。我が国が20数年間ゼロ成長に止まっている間、アメリカは２４３％（２・５倍）、中国は別格としてもＥＵ諸国はイギリス１９８％（２倍）、ＥＵ最低のドイツでも１３４％は伸びています。尚韓国は２・５倍です。サムスンをはじめとする輸出に支えられているのでしょう。

尚２０１８年の世界全体のＧＤＰ成長率は、発展途上国の数字が高いこともあり３・５％程度と予想されていましたが、先進国は１％〜２・５％くらいとなっています。『論壇時評』でいう世界における日本の地位低下は表２にある、世界のこの20数年のＧＤＰシェアを見れば分かります。

１９９５年日本の絶好調の時ですがアメリカは世界の24・６％を占め、我が国は17・５％を占めていました。

日米の摩擦が生じ、ニューヨークの公衆の面前で東芝ノートパソコンが叩き壊されトヨ

表2 国内総生産（名目GDP）米ドル表示） 単位10億ドル

西暦 国	1995	2000	2005	2010	2015	2016	成長率
アメリカ	7,664	10,284	13,093	14,964	18,120	18,642	243%
日本	5,448	4,887	4,758	5,700	4,395	4,947	90.8% ＊1
中国	736	1,214	2,308	6,066	11,226	11,218	1524%
ドイツ	2,591	1,949	2,861	3,417	3,375	3,477	134%
イギリス	1,335	1,647	2,520	2,441	2,885	2,647	198%
フランス	1,609	1,368	2,203	2,646	2,433	2,465	153%
韓国	556	561	898	1,094	1,382	1,411	254%
全世界	31,101	33,601	47,601	66,009	74,695	75,646	243%

総務省統計局世界の統計より

＊1 日本の成長率90.8%はマイナス成長を意味している。
＊2 為替相場の変動で日本の場合円環換算の数字とかなりの誤差がある。
円ベースの統計では日本のDGP成長率は0～5%くらいになる。
＊3 統計によると先進国、発展途上国74ヶ国の内、ゼロまたはマイナスは
日本の身で順位は堂々たるビリの74位である。

タが云われなき、作られた自動車事故のクレーム裁判沙汰になりトヨタの社長がアメリカに呼びつけられ謝罪と弁明した頃です。

結局クレームは車でなくブレーキの踏み間違いのような使い方の問題であったことが後ほどわかり沈静化するのですが、今の米中貿易摩擦も中国が強くなりすぎたためであり、歴史は繰り返すのでしょうか。

ただし今回の米中貿易摩擦は、本質的にもっと奥深く、トランプ大統領の腕の見せどころです。

余談はさておいて、日米問題のあとアメリカは国家的危機を感じ大きく政策を転換し、金融とITを成長戦略とし、2016年現在のGDPシェアは24・6%とその地位を保持しているのはさすがというより凄い数字です。

中国や発展途上国の挑戦を受けながらの数字ですから。

一方、日本の2016年のシェアは6・5%になってしまいました。今や経済大国でも何でもなく、むしろ《衰退低下中》の国となったのです。

多くの国民はその事実を知りません。

政府、マスコミが説明しない、
危機を訴えない、
この大敗退を知らない日本社会は——心ある皆さんが一番知っているように——政治は小さな問題に明け暮れ、日常生活はグルメと旅行と安っぽい芸能番組とゴシップに夢中になっているのです。
このままではさらなる失われた10年、20年は確実に続くのは間違いありません。しかし少し冷静に考えれば誰にでも分かるはずなのに、今の世の中はどうして誰も言わないのでしょうか。少しは言っている人もいますが、ほとんどマスコミに取り上げられません。

表3を見れば今現在日本が経済大国でないという証明になります。更にシェアがどんどん低下することは確実です。表4でわかるのは、日本国民は少しづつ貧乏になっているということです。

表3　世界のGDPのシェア

	1995年	2016年
アメリカ	24.60%	24.60%
日　本	17.50%	6.50%
中　国	1.80%	14.80%
ドイツ	8.50%	4.60%
フランス	5.40%	4.00%
韓　国	1.80%	1.60%

総務省統計局世界の統計より

表4　国民1人当たりのGDP　ドル/1人

	1195年	2016年
アメリカ	28,949	57,807
日　本	43,440	38,968
中　国	594	10,863
ドイツ	31,898	42,456
フランス	26,853	36,836
韓　国	12,277	27,785

総務省統計局世界の統計より

労働者全体の実質賃金は15％も減っている

ちなみに輸出のＧＤＰに占める割合は我が国では15％前後と言われており、消費が伸びない限り日本のＧＤＰは今後も同じ傾向が続くということであり、安倍総理の成長理論は初めから無理なのです。

安倍総理や財界は賃上げをすれば消費は増えると盛んに言っているのが事実は労働者全体の実質賃金はこの間15％も下がっているのです。

どこか間違っているのではないか。

おかしいのではないか。

と思って当然です。

その通り、間違っているのです。

賃上げされているのは大企業、官公庁の従業員のみで定期昇給の少ない中小企業、全くない非正規労働者の給料は上がっていません。

結論だけ言いますと、労働者の80％を占める中小企業と非正規労働者の賃金をあげない限り彼らは買いたくても金がないのです。なぜ、いつからこんなことになってしまったのか。

その最大要因は、1995年以降大企業が実行した「新しい時代の日本的経営」にあります。それによって、従業員の賃金カットを柱とする合理化であり、賃金の大幅な切下げによるものです。

1995年以降非正規雇用の急増、その訳は？

1995年制度審議会は「今日我が国は世界で最も所得格差の小さい国の一つとなっている」と高く評価しました。奇しくも同じ年に日経連（当時）が発表したのが「新しい時代の日本的経営」という報告書です。この報告書は、日本の雇用構造の見直しを掲げ具体策として企業従業員を次の3つのグループに区分しそれぞれを組み合わせていくこと（雇用ポートフォリオ）を提案していたのです。

① 長期蓄積能力活用型（管理職、総合職等）　長期継続雇用で月給制昇給あり
② 高度専門能力雇用型（企画営業等専門部門）　有期雇用で年棒制　成果配分
③ 雇用柔軟型（一般職）　有期雇用で時間給　※非正規労働者のこと

こうした経営方針を大企業が取り上げ実行した背景には、当時の経済のグローバル化と円高の状況下で人件費を抑制することが至上課題となっていたことがあるとされています。

この報告書が公表された後、労働分野における規制緩和が相次いで行われました。

それまで労働者派遣法は派遣労働を認める対象業務を厳しく限定してきましたが1996年に対象業種が26種に拡大され、1999年には原則自由化、さらに2003年には製造業への労働者派遣の解禁や派遣期間の1年から3年への延長を内容とする法改正が行われました。かくして正規雇用が減らされる一方で、非正規雇用は急激に拡大していったのです。

非正規雇用の総数は1995年1001万人（殆どがパート・アルバイト）であったのが、2005年には1634万人と600万人も増加しました。

かつては非正規雇用大半が家計を助ける補助的労働としての主婦のパートタイマーや学生アルバイトだったが、この時期には就職難に悩む若者を中心とする派遣労働者、契約社員が大きな割合を占め、主たる家計維持者であるケースも増えていきました。

さらに正規から非正規への代替も進行し、非正規雇用が雇用調整の一時的措置としてではなく、日本の産業の中で構造的に組み込まれていったわけです。図7を見れば、その実体がよくわかります。

図７　非正規雇用労働者の推移（年齢別）

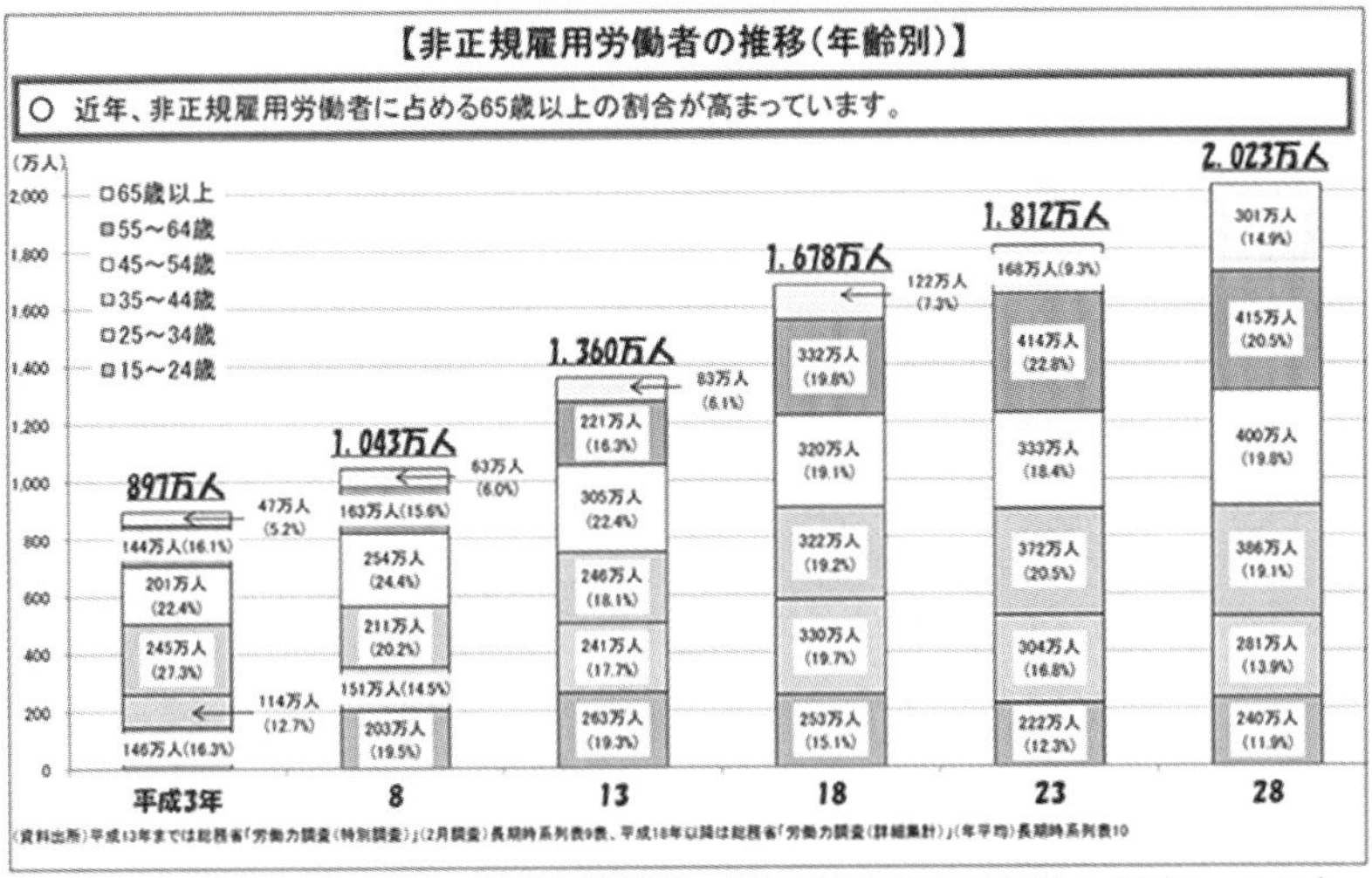

（厚生労働省「非正規雇用の現状と課題」より）

図７-１　非正規雇用の推移（年齢別）

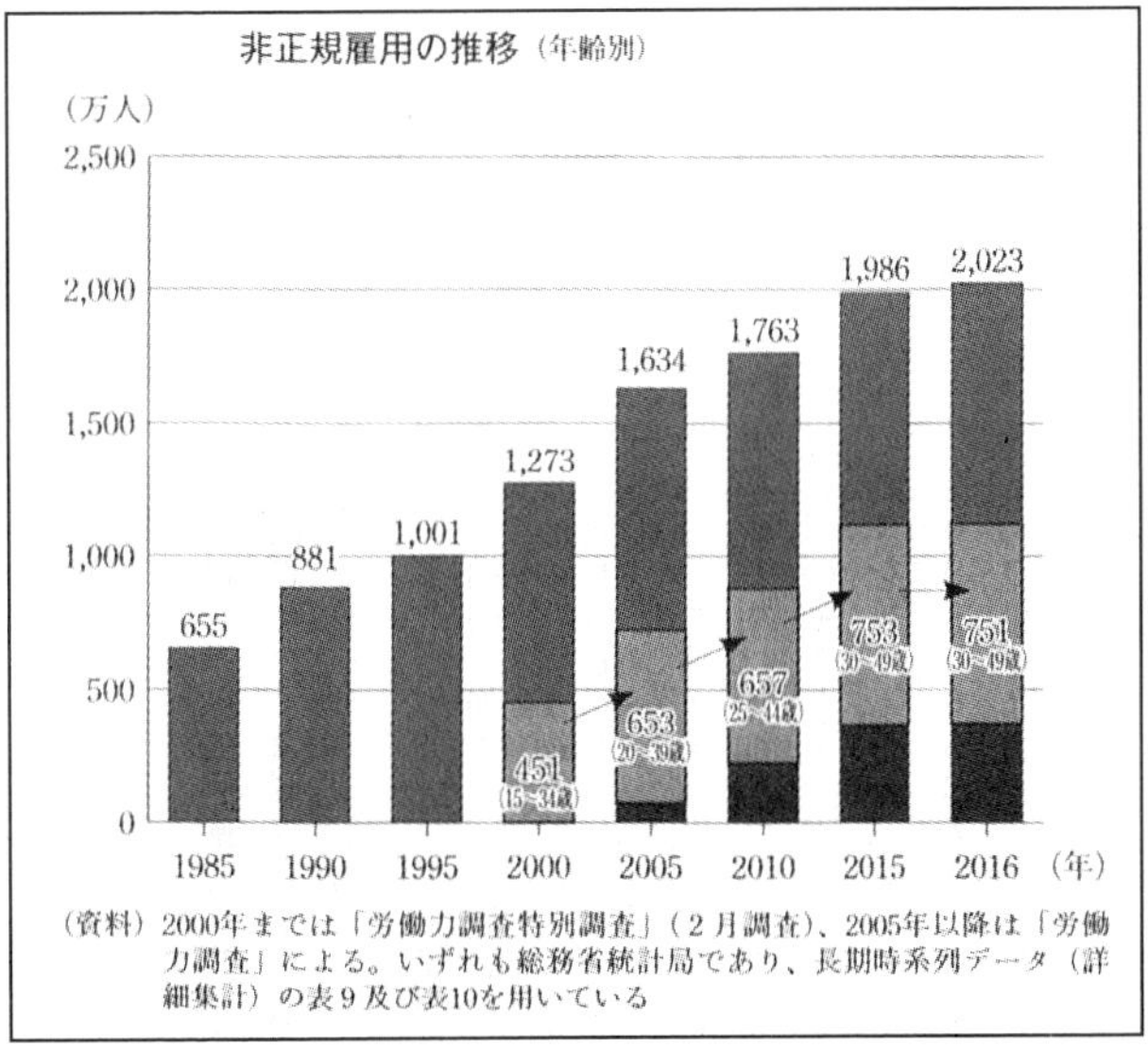

（山崎史郎著『人口減少と社会保障』中公新書）

悪魔の所業《しわざ》、経団連の「新しい時代の日本的経営」

１９８５年、一億総中流社会の時代、いわゆる非正規雇用はパート・アルバイトのみで６５５万人でした。それ以外は大企業、中小企業を問わず全て正社員だったのです。そして原則として一度会社へ入ったら一生同じ会社で勤める終身雇用であり社員は家族であり、大家族主義でした。


大企業とその下請け中小企業との関係はどうだったでしょうか。

親分子分の関係で人間関係も親密で、下請け価格もある程度利益の出るように配慮し、下請け会社もそれを徳とし忠誠を誓い、又下請けの中小企業の社員もそれなりの給与・ボーナス、即ち親企業が良ければその余慶により下請けも良い仕事をした。

私事ですが出光興産も東日本ハウスもそして多くの企業も大体そんなものでした。

それが、１９９５年の「新しい時代の日本的経営」に切り替わり一変するのです。

大企業は力を背景に、取引の見直しということで、コストダウン一点張りで他業者と見積もり競争をやらせ、「業者をたたく」という言葉が流行しました。下請け中小企業は取引を継続するために、泣き泣き大企業の言いなりになるしかない、とても従業員の給料を上げることなどできなくなった下請け業者が多くなりました。

一方大企業は不況という名のもとに退職勧告、新規採用の厳選（就職氷河期）を行ない企業防衛に走ります。

私もかつて経営者でしたからその気持ちもある程度わかります。でもあまりに急激、厳しく、そこから生まれたのが正社員の替りに賃金が1／3の非正規社員の採用が始まります。29ページの図7-1を見ると2000年に15歳～34歳の非正規社員の数が出ています。2000年では451万人だったのが、その人達が30歳～49歳になった2016年にはその数、751万人となっています。

1996年以降に行なった、派遣労働法の緩和、撤廃の結果です。

労働者の賃金を減らし大企業の利益を上げている

今話題の日産、ゴーン氏のコストカットマンの2万人解雇等の業績急回復が経済界でやり手として賞賛された時代です。そのやり方は、首切りと賃下げ、正社員を非正規社員に切り替え、人件費を中心とする極端なコストカットをするのです。

例えば日産の例で、推定として20．000人の正社員の年収を600万円と仮定し、これを年収200万円の非正規社員に置き換えたとします。
20．000人×（600万円−200万円＝400万円）＝800億円になります。
賃金カットで日産は年800億円の経常利益が増えるのです。

勿論その他の合理化（下請いじめ）もあるでしょう。

私は思うのです。合理化も必要だし、世界との競争上やむを得ないものもあるでしょう。でももっと温和な方法を取れないかということです。せめて賃金を年収400万円くらいにし、下請け価格を1％削減ぐらいに許せないかということです。

そもそも賃金カットなどで利益を出すのはもっとも安易な方法で、経営手腕などとは言いません。

この方法を日産以外の多くの大企業が行っているのです。

日産の800億利益は本来従業員のものではないか。

2000年当時15歳～34歳の若年層であった人々の動きを見てみると451万人であ

った非正規雇用総数はその後年を経ても減少せず、２００５年６５３万人、２０１０年６５７万人、２０１５年７５３万人と増加しています。

２０１６年現在の非正規雇用総数は２０２３万人、雇用者全体（５３９１万人）の37・5％と3分の1を超える状況となっています。

これが、労働者の賃金カットが失われた20年のデフレの最大原因なのです。

大企業は正社員を５６０万人減らし、非正規社員とし賃金を28兆円削減、その結果労働者全体の賃金を28兆円減らしました。我が国の労働者の賃金総額が28兆円なくなりその分大企業の営業利益が増えたということです。

賃金の減少は購買力の減少であり、更に長期のデフレを呼ぶＧＤＰ低下の長期停滞を生み出したのです。（28兆円の計算式　大企業正社員1人あたり年収−非正規1人あたり年収の差×人数として計算すると（７５０万円−２５０万円）×５６０万人＝28兆円になります）

3 階級に分かれた新しい格差社会の実体

我が国では長らく大企業と中小企業という2階級の賃金格差は高度成長時代を含めごく自然現象的にありました。がその差は100対70程度で許容範囲内と考えられていたでしょう。

前述の如く一億総中流社会という言葉にも多くの国民はさして抵抗もせず社会問題としても取り上げられませんでした。

構造改革という名の下に実施された規制緩和は、労働法のみならず大店法の撤廃は特に地方の中小企業に与えた打撃は大きく、商店街のシャッター通り化、大企業の力による値引要求などは、中小企業の利益率の急激な低減を招き今や中小企業の70％以上は赤字経営となっています。

のちほど大企業と中小企業の経営指標を示しますが、大企業の経常利益率は7％に対し中小企業は1％そこそこで企業の存続が精一杯で賃金を上げるどころか社会保険料の延滞の急増を招いています。

まず我が国の労働人口を形態別に確認しておきます。（図8）

図８　正規雇用と非正規雇用労働者の推移

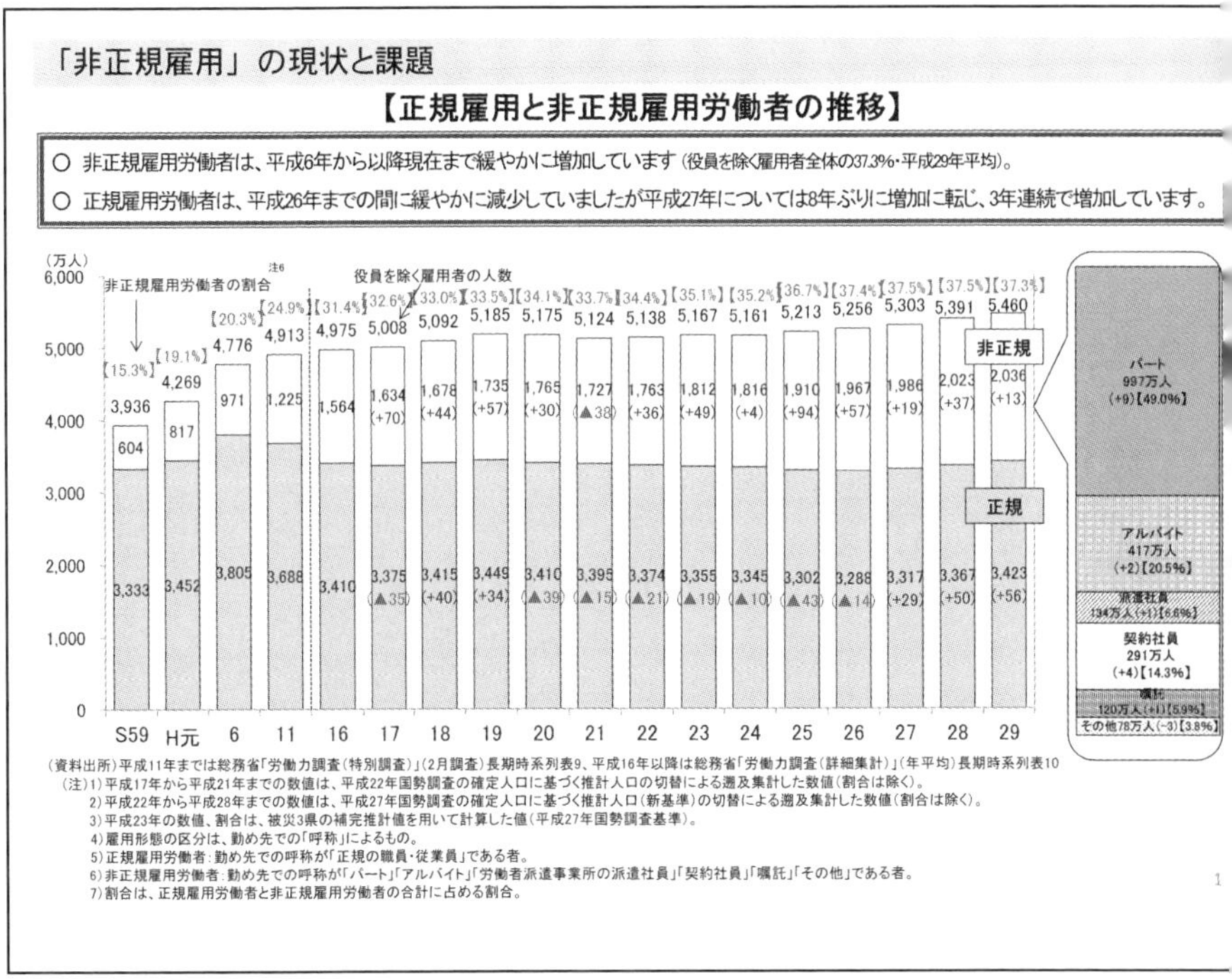

（総務省「労働力調査」）

※この表には統計の取り方に重大な欠陥があります。平成29年の正規雇用３４２３万人とありますが、大企業の社員も中小企業の社員も正社員というだけで同じ正社員で一緒になっているのです。

多くの統計では当然ながら大企業と中小企業は別になっています。

特に賃金動向を分析する時にはあまりにも差が大きく実体を見誤ることになります。この図は正規社員という枠で一つにしていますが、これは大企業と中小企業に分けなければ実体を見誤ることになります。平均賃金もボーナスの額も不正確になります。大企業と中小企業の現状がわからなくなります。

つい2～3年前まで新聞ＴＶではボーナスのたびに大企業80万円、官公庁60万円だと発表していましたが今はやらなくなりました。低所得層の声を恐れているのだろうか。マスコミの悪辣さか、誰の指図でしょうか。図を分解すると

Ａグループ　大企業・正社員　約１０００万人、官公庁約２００万人

合計　１２００万人　21・８％

Ｂグループ　中小企業　正社員

合計　２４００万人　42・８％

Ｃグループ　非正規社員　契約派遣社員・契約社員

Dグループ　非正規社員　パート・アルバイト
合計　５００万人　８・９%
合計　１５００万人　26・７%
合計　５６００万

※農林水産業、自由業等（９人以下の個人企業）は統計には入っていません。

ではグループ毎の賃金（年収）についてみます。

厚生労働省の賃金構造基本統計（２００６年版）膨大なもので本書では概略を知るための「株式会社北見式賃金研究所」の資料を使わせていただきました。データは従業員１０００人以上と従業員10人〜99人に区分しています。

これを見ますと「男性全年全比較」では中小企業は大手に比較して62%しかありません。また最も格差が拡大する年令であると見られる「50才〜54才」においては56%です。

それを表にしたのが次ページの表５と表６です。

また、比較の対象として表７「都道府県の公務員『平均給与額』」もご覧ください。

表5　1,000人以上の企業と10～99人の企業の賃金比較

	1,000人以上の企業				10～99人の企業			
	年　齢	月　給	年間賞与	年　収	年　齢	月　給	年間賞与	年　収
男性労働者	41.2	44.6万	172万	708万	43.1	31.7万	56.1万	436万
30～34歳	32.6	37.9万	125万	581万	32.5	29.6万	53.5万	409万
40～44歳	42.5	50.7万	213万	822万	52.5	35.4万	69.6万	495万
50～54歳	52.5	54.7万	236万	893万	52.5	36.3万	67.7万	504万

株式会社北見賃金研究所

表6 大手と中小企業の全年齢と54歳の賃金比較

	大手と中小企業の全年齢比較			54歳大手と中小の比較		
年　収	708万	436万	62%	893万	504万	56%
賃　金	44.6万	31.7万	71%	54.7万	36.3万	67%
賞　与	272万	561万	33%	236万	67.7万	29%

株式会社北見賃金研究所

尚、退職金に関するデータはないが、大企業、官公庁は3,000万、
中小企業は300万～500万くらい。

表7　都道府県の公務員「平均給与額」

47都道府県 公務員の月給&年収

都道府県名	平均給与月額	平均給与月額順位	平均年収	平均年齢(歳)	対自主財源人件費比率(%)
北海道	40万3643円	45	651万円	42.8	66.1
青森県	43万1646円	27	683万円	44.0	79.2
岩手県	43万2956円	23	680万円	42.8	71.6
宮城県	43万0925円	31	694万円	43.7	63.7
秋田県	42万8658円	33	679万円	44.1	58.9
山形県	43万3309円	22	679万円	43.9	76.0
福島県	43万1345円	28	687万円	43.8	72.6
茨城県	44万0738円	16	704万円	43.8	56.9
栃木県	41万8252円	37	672万円	43.4	55.8
群馬県	44万1773円	14	702万円	43.3	51.8
埼玉県	45万7514円	2	728万円	43.8	72.7
千葉県	45万6263円	3	726万円	43.3	65.3
東京都	49万1863円	1	765万円	41.9	28.1
神奈川県	45万1173円	6	724万円	42.5	65.4
新潟県	43万3441円	21	681万円	42.9	61.1
富山県	43万1223円	29	686万円	44.2	60.1
石川県	43万4983円	20	692万円	44.4	68.1
福井県	43万1939円	25	689万円	43.2	63.1
山梨県	42万1655円	36	673万円	42.6	66.8
長野県	42万7554円	34	667万円	44.3	73.4
岐阜県	40万1147円	47	645万円	43.1	61.1
静岡県	45万1249円	5	714万円	42.9	66.5
愛知県	44万3758円	13	713万円	42.3	52.3

週刊ダイヤモンド

表7は週刊ダイヤモンドの記事です。一般行政職、教員などを含めた全職種ベースの2010年の「平均給与額」です。47都道府県中の第1は東京都職員。平均年齢41・9歳で平均年収765万円。東京23区を含む全国809市区の中で第1位は東京都多摩市の平均年収791万円です。

大企業と中小企業との賃金比較

尚退職金に関するデータはないですが、大企業、官公庁は3000万円、中小企業は300万〜500万くらいでしょうか。以上を新時代の階級制賃金を一覧表にすると次のようになります。

Aグループ　大企業・官公庁
Bグループ　中小企業
Cグループ　非正規・有期雇用　Dグループは統計できず
年収（41歳）
Aグループ　708万円〜893万円　比率　100　倍率　3・2倍
Bグループ　436万円〜534万円　比率　61・5%　倍率　2倍

Cグループ　220万円　比率　31・0%　倍率　1倍

何とAグループの社員とCグループの差は3倍以上あるのです。そして人数比でみるなら、大企業官公庁の比率は全体の21・4%、同じ給与所得である程度裕福に暮らしていける家族は約20%〜25%でそれ以外は賃金も低くとても消費を増やす生活をするだけの所得はありません。

いやむしろ所得は大幅に減っているのが現状だということです。失われた20年の実質賃金の減少はB・Cグループの所得減少のことです。

EU・アメリカの非正規社員の現状

日本と違って主として雇用期間に関しては、即ち有期か無期であり、賃金は原則として同一賃金、同一労働を目指し実態は正社員対非正規社員の賃金格差は100対80ぐらいであり、日本のように100対30のような極端な差はありません。それは法律で守られているようです。各国とも非正規社員の人数は日本に比べて非常に少ないとのことです。

・米国、ＥＵでの同一労働、同一賃金の基本的思想

「同一労働、同一賃金」は職務内容が同じ労働に対しては雇用形態などに拘わらず同一の賃金を支払うべきであり、「人権保障」の観点から法律に位置付けられており、性別や人権、障害などの事情で生じた差別や宗教や信条などを理由とした差別を禁じる原則に則って扱われています。

・フルタイム・パートタイム労働者の待遇・格差の現状

ＥＵ諸国ではフルタイム社員とパートタイム社員が同じ仕事をしている場合、1時間あたり同じ賃金を支払う「均等待遇」を「ＥＵ指令」によって加盟国に義務付けています。たとえばドイツでは、パートタイム労働者の時間あたり賃金がフルタイム労働者の8割となっています。フランスでは9割とほぼ正規雇用者に近い水準と言えます。一方日本では6割弱になっており、正規・非正規間の格差が大きいことが一目瞭然です。（図9）

※実はこの表の数字は正しくありません。日本の場合、正規社員の中に労働者の数の多い中小企業を入れていないからです。日本の統計数値では正規社員の賃金は大企業と中小企業の平均を基礎数字としています。

図９　諸外国のフルタイム労働者とパートタイム労働者の賃金比較」

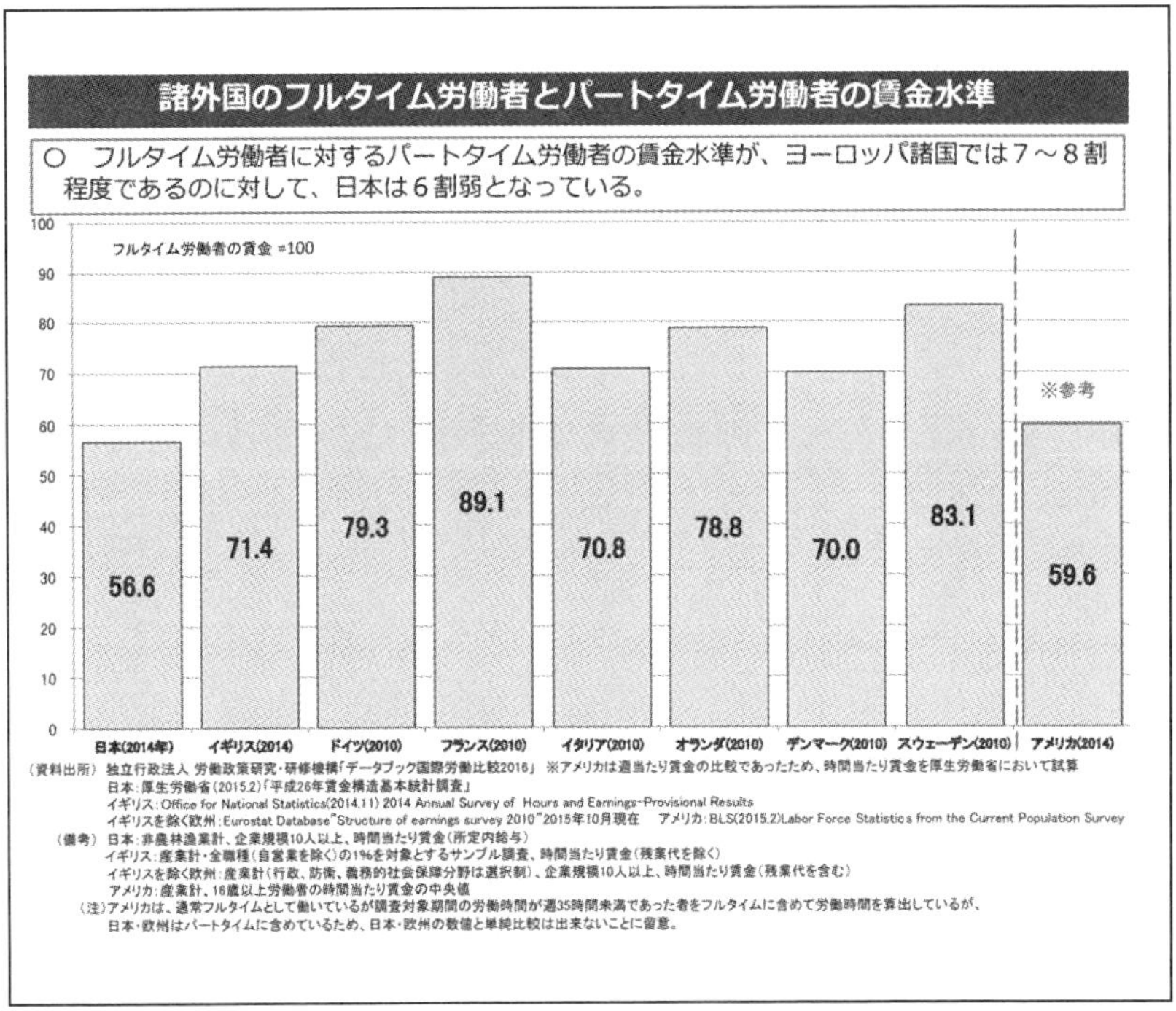

（厚生労働省 派遣・有期労働対策部）

米国では、労働法などによる明確な規定はないものの、差別の観点で不当な扱いを受けたと労働者から訴えがあったときには、企業が「差別をしていない」という立証責任が課せられる点で、大きな圧力になっています。

欧米・欧州における「同一労働同一賃金」の概念が導入された歴史

欧州での「同一労働同一賃金」制度の歴史は古く、1919年のヴェルサイユ条約（第一次世界大戦における連合国とドイツの間で締結された講和条約）での、『同一価値の労働に対しては男女同額の報酬を受けるべき原則』（第13編第2款第427条）から始まったと言われています。

第二次大戦後の1951年には「ILO100号条約（日本は1967年批准）」で、『同一価値の労働に対して男女労働者に同一の報酬に関する条約』を採択。続く1958年には、「ILO111号条約」で『雇用及び職業についての差別待遇に関する条約』を採択し、就労の現場での処遇の平等性を謳ってきました。

「ＥＵ指令（１９９７年ＥＵパートタイム労働指令、１９９９年ＥＵ有期労働指令、２００８年ＥＵ派遣労働指令）」において、雇用形態における「均等待遇原則」を策定されています。非正規労働者の処遇改善の観点から、賃金を含むあらゆる労働条件について、雇用形態を理由とする不利益取扱いを禁止するとされています。

ＥＵ指令は現在、各国に適応しており、現在は、見習いの訓練生においても法定福利、社員食堂の利用などの福利厚生の利用や支給、契約社員やパートタイム労働者にも、在籍条件に応じて各種手当やストックオプションや賞与、交通費、退職金などの面で、通常の社員と同程度の待遇が約束されているのが一般的です。

米国では、移民など多民族で形成されてきた国家であることが歴史的背景としてあります。人種や女性、年齢などに対する差別を禁止する「雇用平等法制」が発達している点で、「同一労働同一賃金」の観点が活用されてきました。ただし、雇用形態を超えた均等処遇については法制化はなされていません。

ここまで日本のＧＤＰの長期低迷の最大の要因は、消費の伸びがないこと、ではなぜ消費が伸びないのかと言えば、大企業が非正規雇用を増やし、中小企業、非正規労働者の賃金が減少していると書いてきました。

消費拡大や少子化対策になかなか手を打てない日本に対して、中国はＧＤＰを伸ばしています。その恐ろしさを知っているでしょうか。

生易しい中国崩壊論で溜飲を下げている場合ではありません。

その一端を知っていただきたく次の文章を書きました。

ハイテク業界における「中国経済大国のヒミツ」

わが国の、この20数年間の大企業の企業活動を要約すると、多くの大企業が新規成長部門に投資せずに、企業防衛の為にコストカットを中心に利益を確保する「消極的無気力な経営姿勢」に尽きると思っています。

特にやらなかったこととして次の2点が挙げられます。それが何故、消極的無気力経営なのかを具体的に検証します。その２つとは、

成長産業への挑戦と大胆な投資

スマートフォン等、ＩＴ産業への投資

です。２０１７年の世界各国のスマートフォンの企業シェアは第１位が韓国のサムスン、第２位が米国のアップル、第３位中国のファーウェイ、第４位韓国のＳＫ電子。日本企業はゼロです。

１９７０年代、日本高度成長期の主力エンジンが自動車と電機、電子産業であったことは日本人なら皆知っています。

ソニー、ナショナルを筆頭にアメリカをはじめ世界を圧倒し、日米貿易摩擦を引き起こしたほど日本の企業は強かったのです。

ソニーの井深さん、盛田さんナショナルの松下幸之助さんが今述べたスマートフォン業界における日本の惨状を見たらおそらく嘆く前に怒るでしょう。スマートフォンでは今やアップル、サムスンの部品供給業者になり様々な理由があれ、家電では白物も国内で生産できず、国内最後のカラーテレビ工場も昨年（２０１８年）閉鎖したそうです

アメリカ、中国、韓国と戦う優秀な若き技術者はいなかったのでしょうか。新規投資する資金がなかったのでしょうか。

いずれもそんなことはないと思います。

後継者である現代の経営者が、新規部門に挑戦する意欲と勇気がなかったからではない

か。長期的視野に立った世界戦略、情報の収集、将来の見通しを持って断行する勇気、胆力がなかったからではないか。

集団合議制という誰も責任を取らない取締会では、リスクをとる勇気は生まれません。5年～10年の短期間で交替するサラリーマン根性や、自分が社長である間大過なく引き継げば良いとお役所仕事姿勢では、とても海外の猛者の強いリーダーシップに勝てるわけがありません。

ただし、日本の電子機器メーカーの名誉のために言えば、電子機器の母である製造工場装置やロボット関連は今でも高いシェアを守っています。

しかし、これもいずれ中国の国家的戦略の元に行われ始めている「中国製造2025計画、ハイテク部品を2025年までに70％は中国で作る」が達成されれば、日本企業に与える影響は計り知れないほど大きいと言わざるを得ません。現に達成される可能性は高いのです。

まさかサムスン、ファーウェイに、これまでコテンパンにやられるとは思わなかったに違いありません。

日本の青春時代、坂の上の雲は終わったのです。高齢化社会とは何も老人の増加だけではないのです。企業も先人が稼いだ財産を使って金貸しで利益を出し、本業で稼がない体質になってしまった。それでいいのでしょうか。

ずいぶん悪口を言いましたが、その裏付けになるであろうハイテク業界における中国の状況を、遠藤誉氏の『「中国製造2025」の衝撃』（PHP研究所）から少々紹介することにします。

ハイテク業界における「中国経済大国のヒミツ」です。「中国経済大国のヒミツ」は、私が勝手につけた言葉です。

1、中国半導体産業の急成長

2015年まで半導体メーカー世界トップ50の中に2社は入るか否か程度の中国だったが、2016年には11社入り、2017年にはファブレス（工場を持たない）半導体企業世界トップ10に2社が入っている。アメリカが6社、シンガポール1社、台湾1社。

2、中国は何よりも人材の開発をやった

人材の開発は、アメリカにいる中国人留学生及び元留学生を中国本土呼び戻し運動である。中国の優秀学生の留学先はほとんどアメリカの有名大学であり、従来は多くの学生は

アメリカの企業、大学、政府に就職していた。

例えばハイテク産業のメッカ、カリフォルニアのシリコンバレーで働く技術者の半分以上は中国人とインド人であり、又新規企業を立ち上げる人もその人達だ。

中国政府はこの人達の中国本土帰還運動を大々的に行った。８年間で２３１万人の技術者が帰国したという。

当然ながら相応の給料と地位を与え、そして愛国心に訴えている。年間10万人単位以上の人がこれに応募しているという。この人達が民間企業から軍事、宇宙工学の発展の原動力という。

これ以上のところは是非遠藤氏の本『「中国製造２０２５年」の衝撃』（ＰＨＰ研究所）を読んで下さい。私たち日本人が知らないことを詳しくレポートしています。

今までの根拠の薄い〝中国崩壊論の認識〟は一変することでしょう。

いずれ中国は国を挙げてハイテク産業に挑んでおり、政府の目標は２０２５年までにハイテク部品の中国国内シェアを70％にすると計画を発表しています。日本の部品供給者のほとんどが不要になるはずです。

第2章　少子化の原因と実体

2053年には1億人を割る見込みの総人口

「まえがき」に日本の危機の第2として、世界に類を見ない急激な少子化を取り上げました。私がこの少子化について「これは大変な問題だ」と知ったのは平成29年6月に発行された産経新聞論説委員・河合雅司氏の『未来の年表』を読んだのがきっかけです。

それまでは聞いた程度でほとんど関心はありませんでした。我が国の人口が40年後には1億人を切り9900万人となるというのです。何回も読み返し人口動態の予測はあまり狂いはないという原則からすれば『未来の年表』に書いてある予測は概ね正しいだろうと思いました。

総人口と人口構造の推移

日本の総人口を長期で見てみると江戸時代後半には3000万人程度で安定的に推移していましたが、明治以降は急激な人口増加期を迎え、1967年に1億人を突破し、2008年には1億2808万人とピークに達した後、ついに人口減少の局面に入ったのです。有史以来の現象であり、しかも世界的に例の少ない急激な現象は異常な事態となっています。

少子化をめぐる現状

国立社会保障・人口問題研究所の『日本の将来推計人口（平成29年推計）』は、我が国の将来の人口規模や年齢構成等の人口構造の推移を推計しています。

この推計の結果に基づけば、総人口は、２０５３（平成65）年には１億人を割って９９２４万人となり、２０６５年には８８０８万人になります。生産年齢人口は、２０５６年には５０００万人を割り、２０６５年には４５２９万人となります。総人口に占める割合は、２０６５年には51・４％となるのです。

高齢者人口は、２０４２（平成54）年に３９３５万人でピークを迎え、その後減少し、２０６５年には３３８１万人となります。総人口に占める割合は、２０６５年には38・４％となります。

前回推計結果（２０１０（平成22）年）と比較すると、推計の前提となる合計特殊出生率が上昇した結果２０６５年時点で、前回から生産年齢人口は約１割、年少人口は約２割増加したものとなっています。

図 10 我が国の総人口及び人口構造の推移と見通し

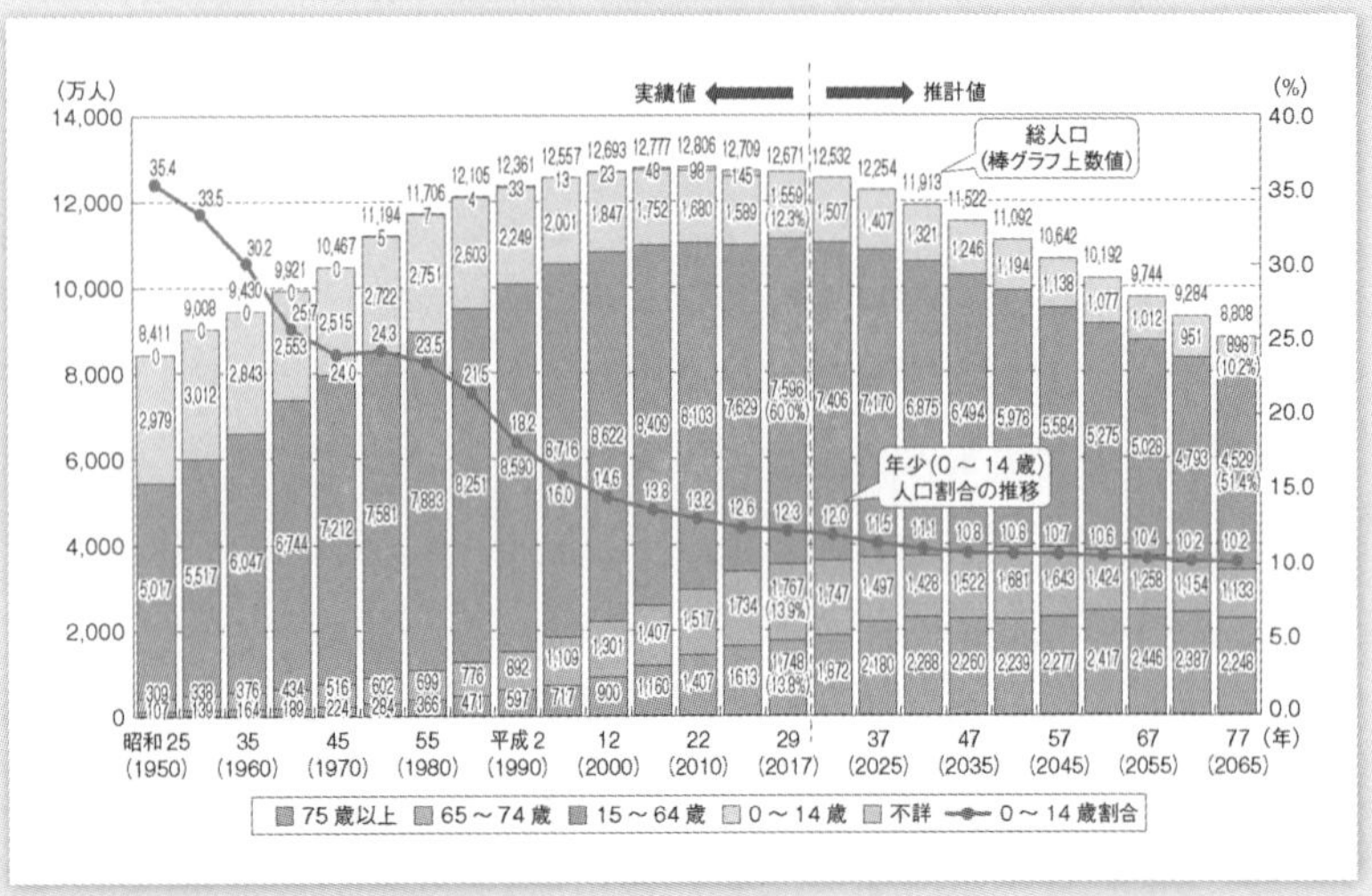

資料：2015年までは総務省「国勢調査」、2017年は総務省「人口推計」（平成29年10月1日現在確定値）、2020（平成32）年以降は国立社会保障・人口問題研究所「日本の将来推計人口(平成29年推計)」の出生中位・死亡中位仮定による推計結果。

注：2017年以降の年齢階級別人口は、総務省統計局「平成27年国勢調査　年齢・国籍不詳をあん分した人口（参考表）」による年齢不詳をあん分した人口に基づいて算出されていることから、年齢不詳は存在しない。なお、1950～2015年の年少人口割合の算出には分母から年齢不詳を除いている。

注：年齢別の結果からは、沖縄県の昭和25年70歳以上の外国人136人（男55人，女81人）及び昭和30年70歳以上23,328人（男8,090人，女15,238人）を除いている。

第1回社会保障審議会年金部会（平成29年7月31日）より

平成29年、30年の国立人口問題研究所発表による記載の要点を皆様の参考資料として列記いたします。

出生数、出生率の推移（合計特殊出生率は1・42）

２０１４（平成26）年の出生数は、１００万３５３９人であり、前年の１０２万９８１６人より２万６２７７人減少し、２０１５年の出生数は微増したが２０１６年には97万７０００人と１００万人を割り、２０１７年には94万１０００人となり前年比で3万６０００人の減少です。

合計特殊出生率をみると、第一次ベビーブーム期には4・3を超えていたが、１９５０（昭和25）年以降急激に低下した。その後、第二次ベビーブーム期を含め、ほぼ2・1台で推移していたが、１９７５年に2・0を下回ってから再び低下傾向となりました。１９８９（昭和64、平成元）年には、それまで最低であった１９６６（昭和41）年（丙午：ひのえうま）の数値を下回る1・57を記録し、さらに、２００５（平成17）年には過去最低である1・26まで落ち込んでしまいました。近年微増傾向が続いてきたが、２０１４年は、1・42と、9年ぶりに前年を下回りました。

第 11 図　出生数及び合計特殊出生率の年次推移

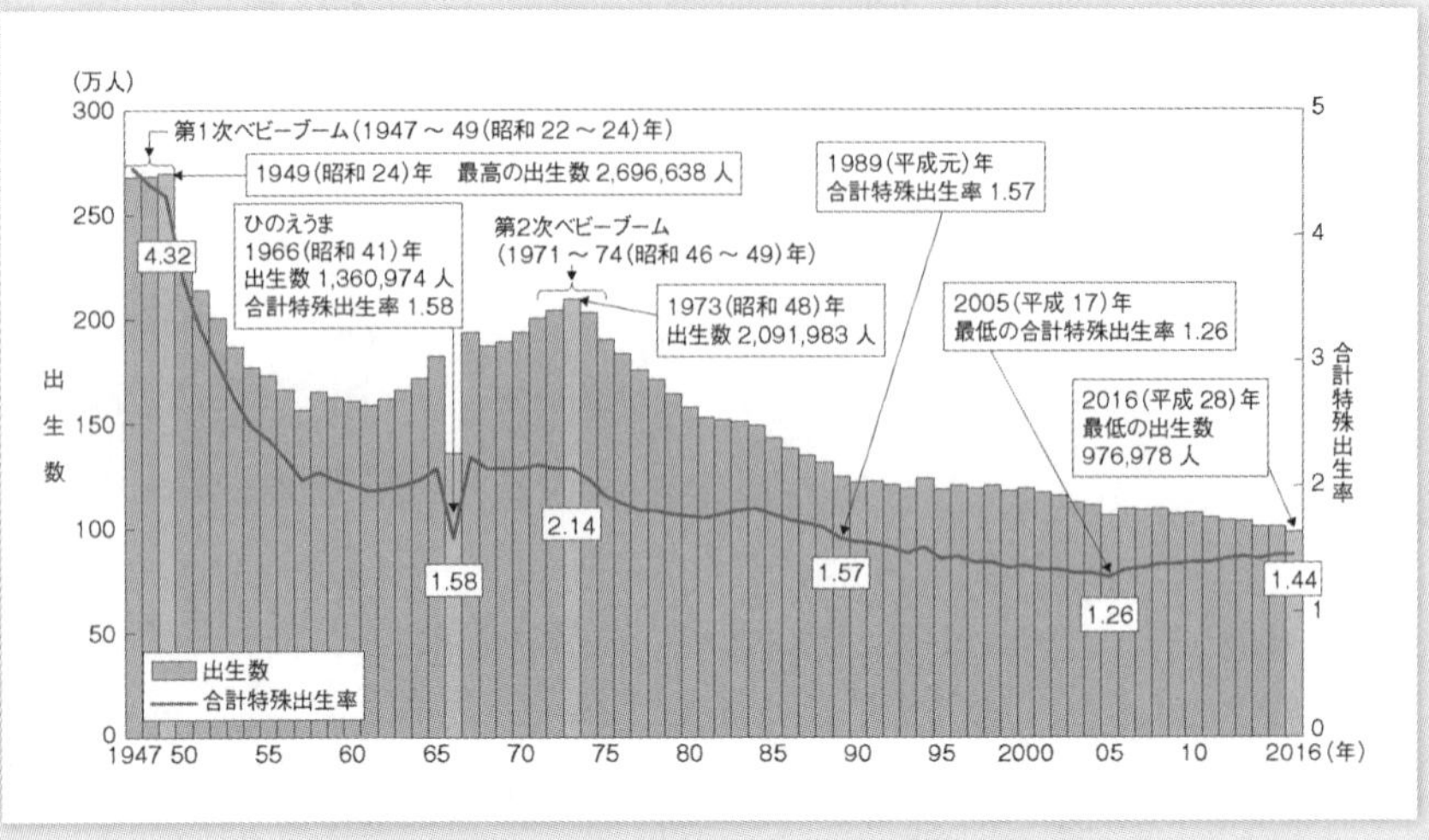

資料：厚生労働省「人口動態統計」

第 1 回社会保障審議会年金部会（平成 29 年 7 月 31 日）より

男性の就労形態・年収別配偶率
（正社員と非正規の勤務形態・年収の多いか少ないかの結婚率）

出生、少子化は、結婚できるかどうかが、大きく関係してきます。当たり前のことですが正社員、給与の高い人は結婚している割合が高くそうでない人は低くなっています。

男性の就労形態別有配偶率（2012年時点）をみると、正社員では25～29歳で31・7％、30～34歳で57・8％となっているのに対し、非正規雇用では25～29歳で13・0％、30～34歳で23・3％となっており、正社員の半分以下となっています。

また、非典型雇用のうちパート・アルバイトでは25～29歳で7・4％、30～34歳で13・6％であり、正社員の4分の1以下となっているなど、就労形態の違いにより配偶者のいる割合が大きく異なっていることがうかがえます。

さらに、男性の年収別有配偶率（2012年時点）をみると、いずれの年齢層でも一定水準までは年収が高い人ほど配偶者のいる割合が高い傾向にあります。

第 12 図　男性の就労形態別有配偶率

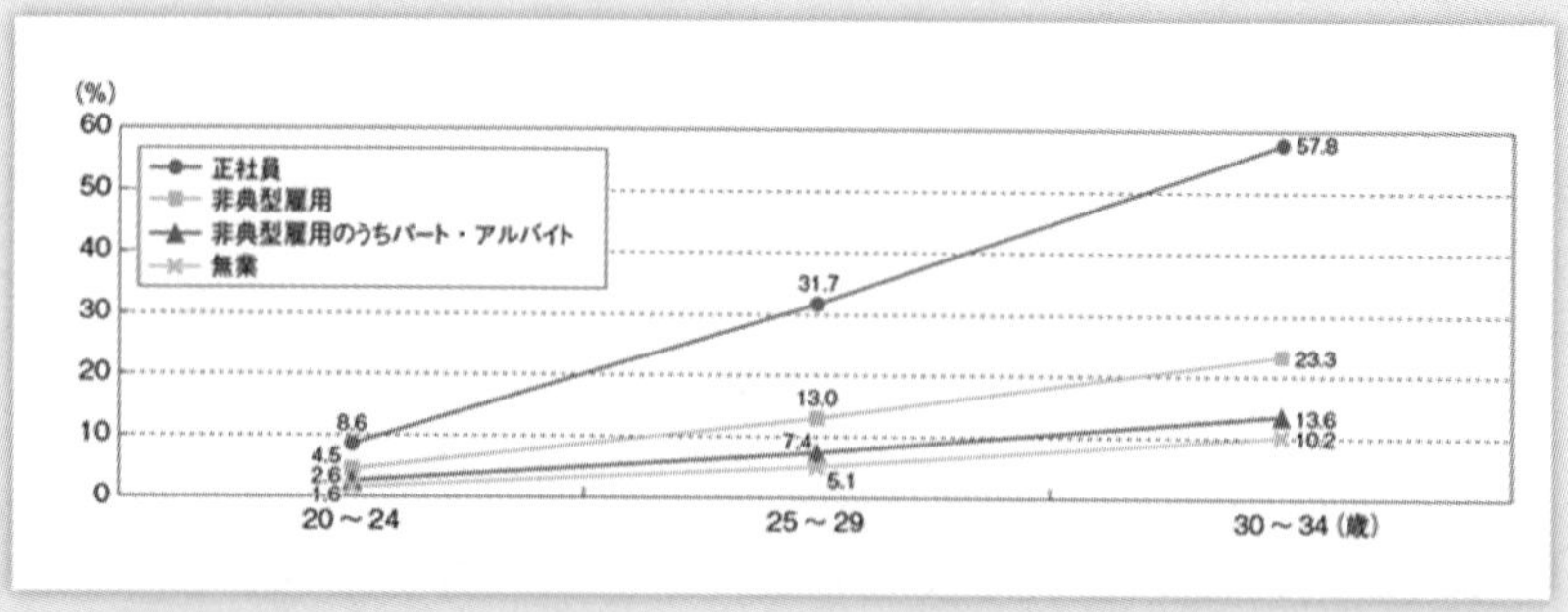

資料：労働政策研究・研修機構「若年者の就業状況・キャリア・職業能力開発の現状②―平成24年版「就業構造基本調査」より―」(2014年)

注：就労形態分類は、「若年者の就業状況・キャリア・職業能力開発の現状」における定義による。
「非典型雇用」は、「パート、アルバイト、労働者派遣事業所の派遣社員、契約社員・嘱託など、正社員以外の呼称で働いている被雇用者」と定義されている。

（内閣府『平成 29 年版 少子化社会対策白書』）

第 13 図　男性の年収別有配偶率

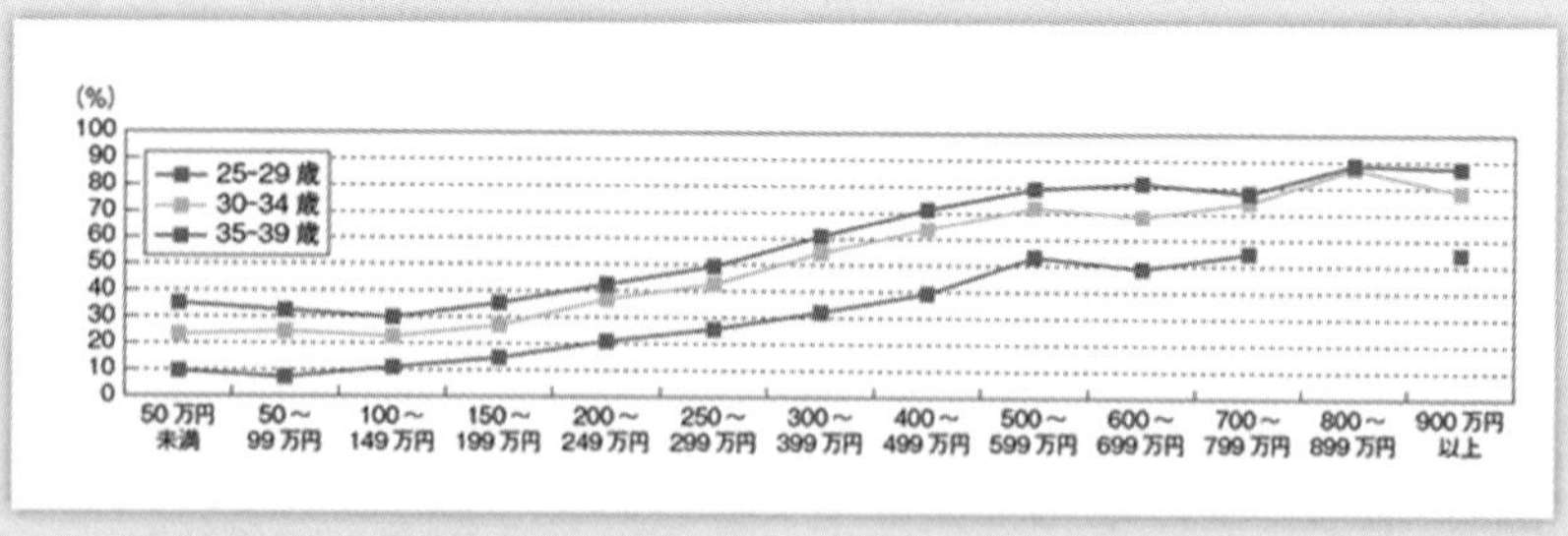

資料：労働政策研究・研修機構「若年者の就業状況・キャリア・職業能力開発の現状②―平成24年版「就業構造基本調査」より―」(2014年)

注：25歳～29歳の800～899万円の集計区分については標本数が少なく割合が算出できない。

（内閣府『平成 29 年版 少子化社会対策白書』）

日本における婚姻、出産の状況

低下傾向が続く婚姻件数、婚姻率

婚姻件数は、第一次ベビーブーム世代が25歳前後の年齢を迎えた１９７０（昭和45）年から１９７４（昭和49）年にかけて年間１００万組を超え、婚姻率（人口千人当たりの婚姻件数）もおおむね10・０以上でした。

その後は、婚姻件数、婚姻率ともに低下傾向となり、１９７８（昭和53）年以降２０１０（平成22）年までは、おおよそ年間70万組台で増減を繰り返しながら推移してきたのが、２０１１（平成23）年以降、年間60万組台で推移しており２０１６（平成28）年は62万５３１組（対前年比１４６２５組減）と、過去最低となりました。婚姻率も５・０と過去最低となり、１９７０年代前半と比べると半分の水準となっています。

図14に「婚姻件数、婚姻率の年次推移」、表８に「婚姻件数の年次推移」を紹介しました。

図 14　婚姻件数、婚姻率の年次推移

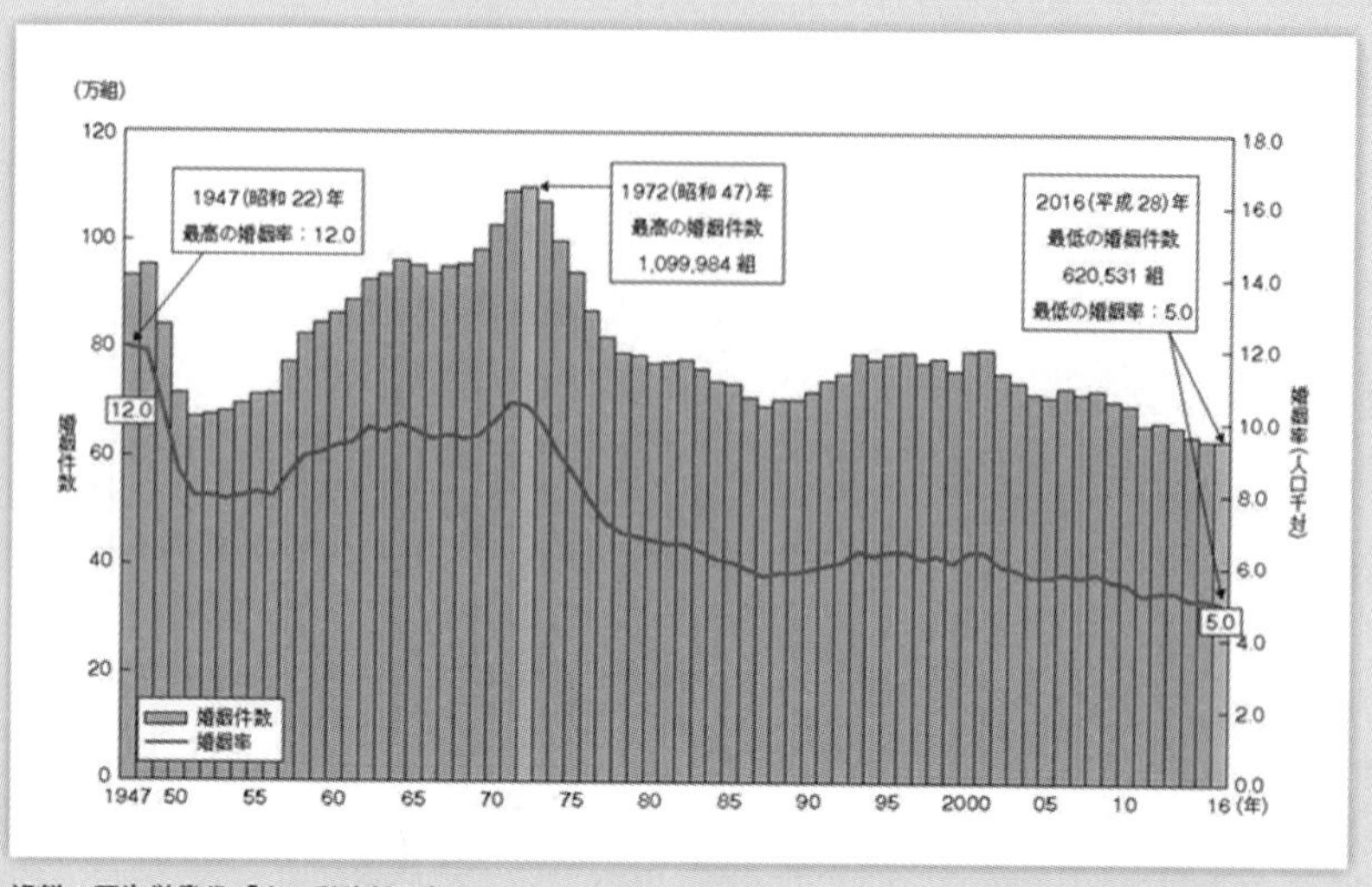

資料：厚生労働省「人口動態統計」

表8　婚姻件数の年次推移（昭和22年～平成28年）

昭和	西暦	婚姻件数	昭和	西暦	婚姻件数
22	1947	934,170	57	1982	781,252
23	1948	953,999	58	1983	762,552
24	1949	842,170	59	1884	739,991
25	1950	715,081	60	1985	735,850
26	1951	671,905	61	1986	710,963
27	1952	676,995	62	1987	696,173
28	1953	682,077	63	1988	707,716
29	1954	697,809	平成元年	1989	708,316
30	1955	714,861	2	1990	722,138
31	1956	715,934	3	1991	742,264
32	1957	773,362	4	1992	754,441
33	1958	826,902	5	1993	892,658
34	1959	847,135	6	1994	782,738
35	1960	866,115	7	1995	791,888
36	1961	890,158	8	1996	795,080
37	1962	928,341	9	1997	775,651
38	1963	937,516	10	1998	784,595
39	1964	963,130	11	1999	762,028
40	1965	954,852	12	2000	798,138
41	1966	940,120	13	2001	799,999
42	1967	953,906	14	2002	752,331
43	1968	956,312	15	2003	740,191
44	1969	984,142	16	2004	720,417
45	1970	1,029,405	17	2005	714,265
46	1971	1,091,229	18	2006	730,971
47	1972	1,099,984	19	2007	719,822
48	1873	1,071,923	20	2008	726,106
49	1974	1,000,455	21	2009	707,734
50	1975	941,628	22	2010	700,214
51	1976	871,543	23	2011	661,895
52	1977	821,029	24	2012	668,869
53	1978	793,257	25	2013	660,613
54	1979	788,505	26	2014	643,749
55	1980	774,702	27	2015	635,156
56	1981	776,531	28	2016	620,531

（厚生労働省 人口動態統計より）

未婚化の進行はこれからも進むのか

年齢別未婚率の推移

未婚率を年齢（5歳階級）別にみると、２０１５（平成27）年は、例えば、30～34歳では、男性はおよそ２人に１人（47・１％）、女性はおよそ３人に１人（34・６％）が未婚であり、35～39歳では、男性はおよそ３人に１人（35・０％）、女性はおよそ４人に１人（23・９％）が未婚となっています。長期的にみると未婚率は上昇傾向が続いていますが、男性の30～34歳、35～39歳、女性の30～34歳においては、前回調査（２０１０（平成22）年国勢調査）からおおむね横ばいとなっています。（図15）

年齢別未婚化の進行

さらに、50歳時の未婚割合1をみると、１９７０（昭和45）年は、男性1・7％、女性3・3％でした。その後、男性は一貫して上昇する一方、女性は１９９０（平成２）年まで横ばいでしたが、以降上昇を続け、前回調査（２０１０（平成22）年国勢調査）では男性20・１％、女性10・６％、２０１５（平成27）年は男性23・４％、女性14・１％と、そ

図 15　年齢別（5歳階級）未婚率の推移

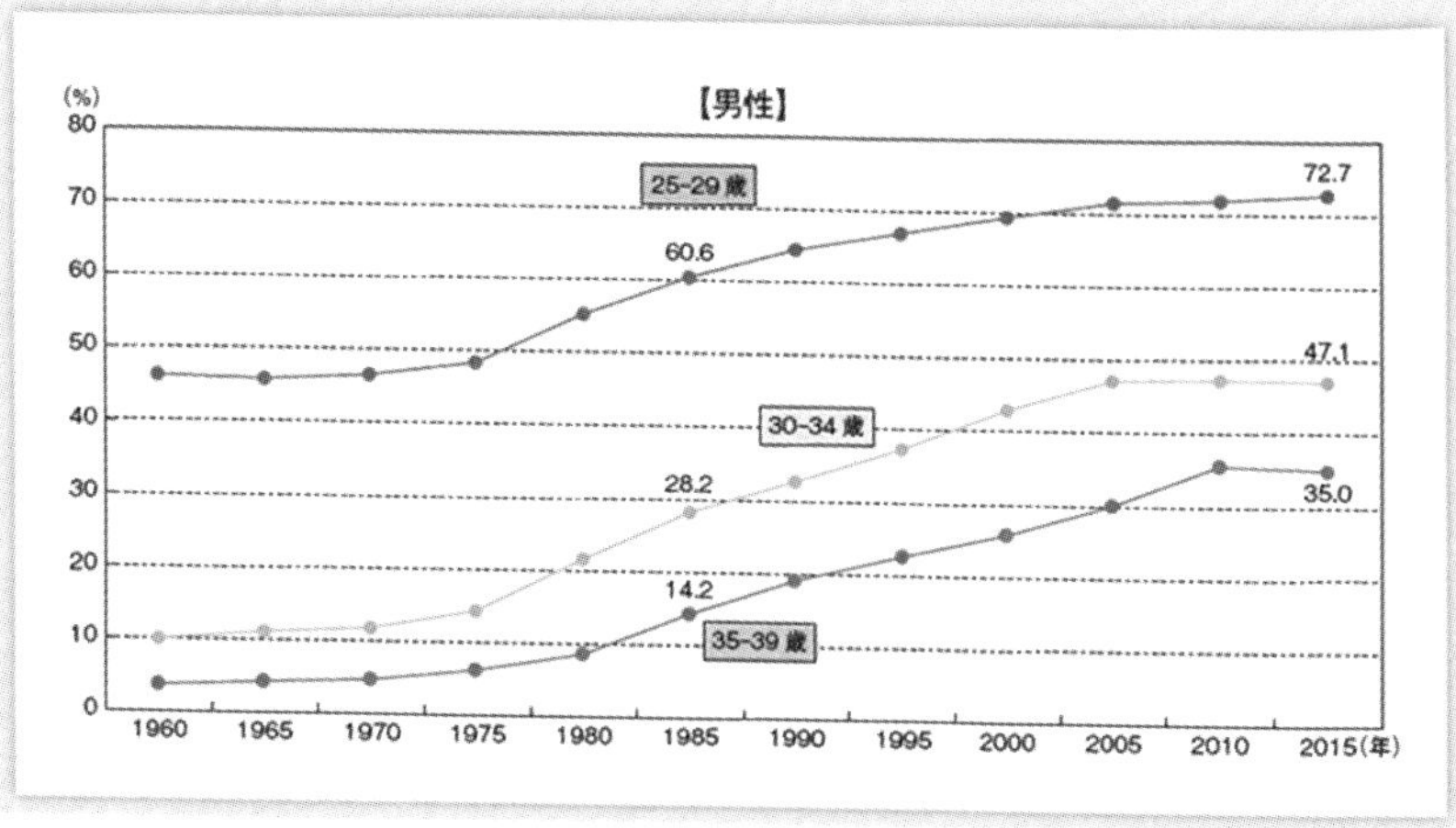

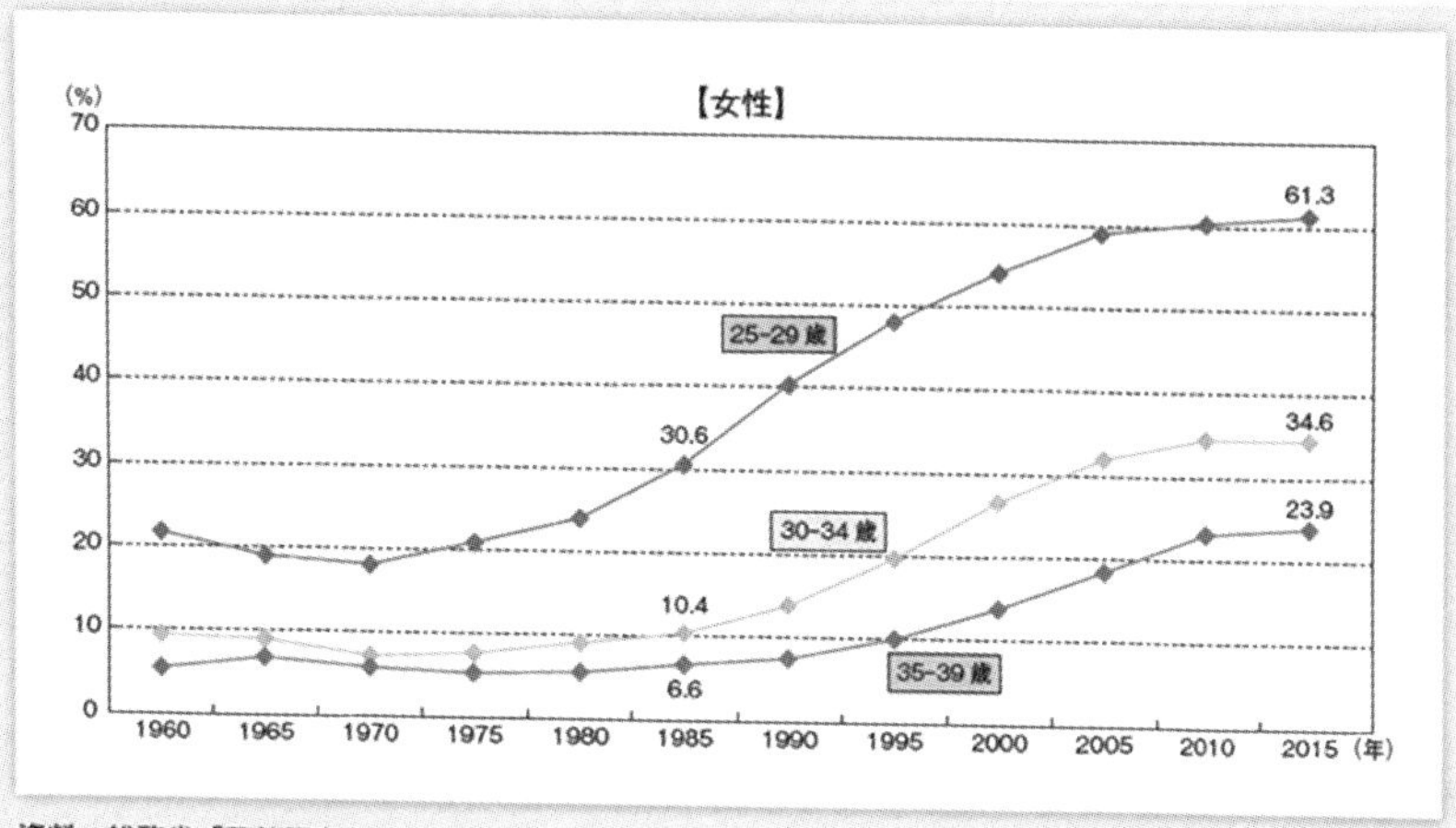

資料：総務省「国勢調査」
注：1960～1970年は沖縄県を含まない。

（内閣府『平成 29 年版 少子化社会対策白書』）

れぞれ上昇しています。2015年の国勢調査の結果に基づいて出された推計は、これまでの未婚化、晩婚化の流れが変わらなければ、今後も50歳時の未婚割合の上昇が続くことを予測しています。（図16）

図16　50歳時の未婚割合の推移と将来推計

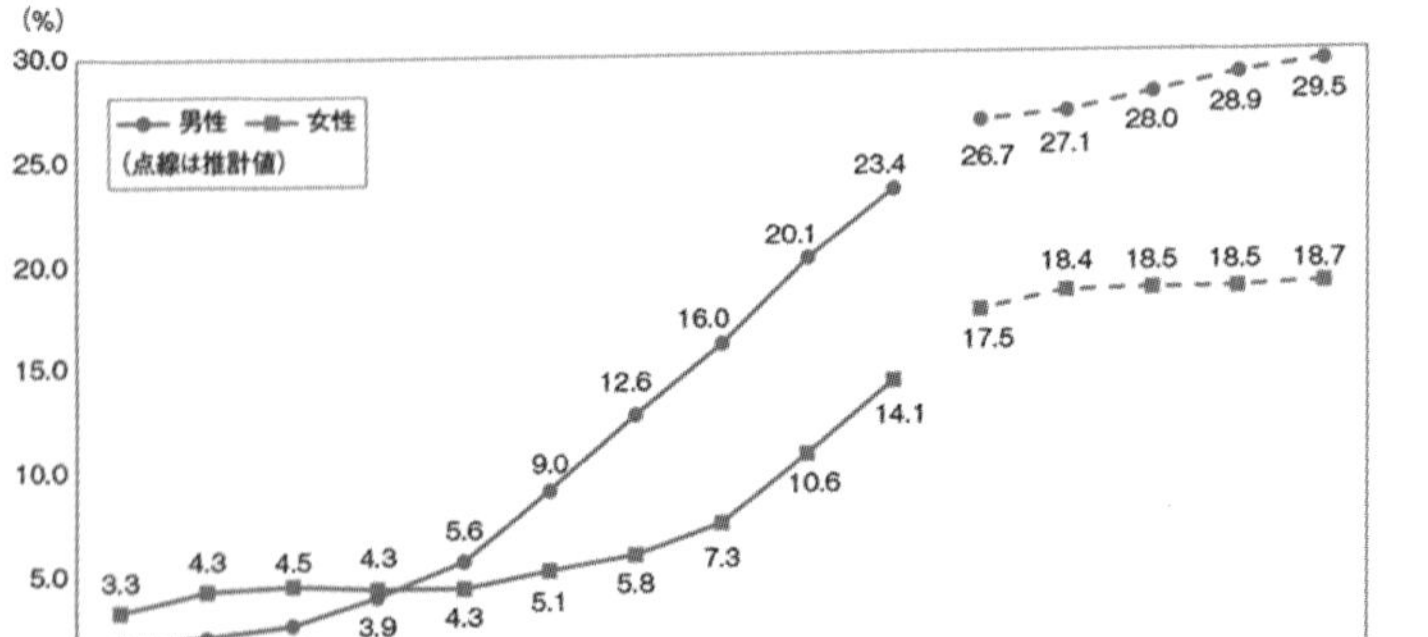

資料：1970年から2015年までは各年の国勢調査に基づく実績値（国立社会保障・人口問題研究所「人口統計資料集」）
2020（平成32）年以降は推計値（「日本の世帯数の将来推計（全国推計2018年推計）」を基に内閣府作成。）であり、2015年の国勢調査を基に推計を行ったもの。
注：45～49歳の未婚率と50～54歳の未婚率の平均である。

（内閣府『平成29年版 少子化社会対策白書』）

結婚を巡る意識はどうなっているのか

生涯未婚率とは何を意味するか

人口問題研究所では50才時の未婚割合は生涯未婚率とも呼ばれるとある。恐ろしい言葉だと思いませんか。

この世に生まれ一生一度も結婚しない、またはできない人が男性で23・9%、女性で14%もいるという。この世に生まれ一生独身で暮らすこんな残酷な、寂しい人生はありません。

調べてみましたが明治以来と思いますが、何らかの理由で生涯未婚という人は確かにいました。その率はせいぜい2%から3%以内です。又現在でもごく最近まで同じで、未婚率が5%になったのは1990年代に入ってからです。

人は皆誰だって一度は結婚したいと思うでしょうし、人生の生きがいでもあります。意識調査でもいずれ結婚するつもりだという人が90%以上です。

こんな世の中は明らかに異常です。更に今のようでは生涯未婚率は推計で2040年には男性29・5%、女性では18・7%になるという。この人達を支援するのは国家の義務であり社会の義務であると強く思います。

いずれ結婚するのか、しないのか

独身でいる理由

未婚者（25～34歳）に独身でいる理由を尋ねると、男女ともに「適当な相手にめぐり会わない」（男性：45・3％、女性：51・2％）が最も多く、次に多いのが、男性では「まだ必要性を感じない」（29・5％）や「結婚資金が足りない」（29・1％）であり、女性では「自由さや気楽さを失いたくない」（31・2％）や「まだ必要性を感じない」（23・9％）となっています。

さらに、過去の調査と比較すると、男女ともに「異性とうまくつきあえない」という理由が増加傾向にあり、女性では「仕事（学業）にうちこみたい」、「結婚資金が足りていない」という理由も増加傾向にあります。

それが図になっているのが、図17です。そして、その主な理由と％をまとめたのが表9です。また未婚者（18～34歳）が「いずれ結婚するつもり」と答えた割合を示したのが図18と表10です。

図 17　年齢別(25 ～ 34 歳)の「独身でいる理由」

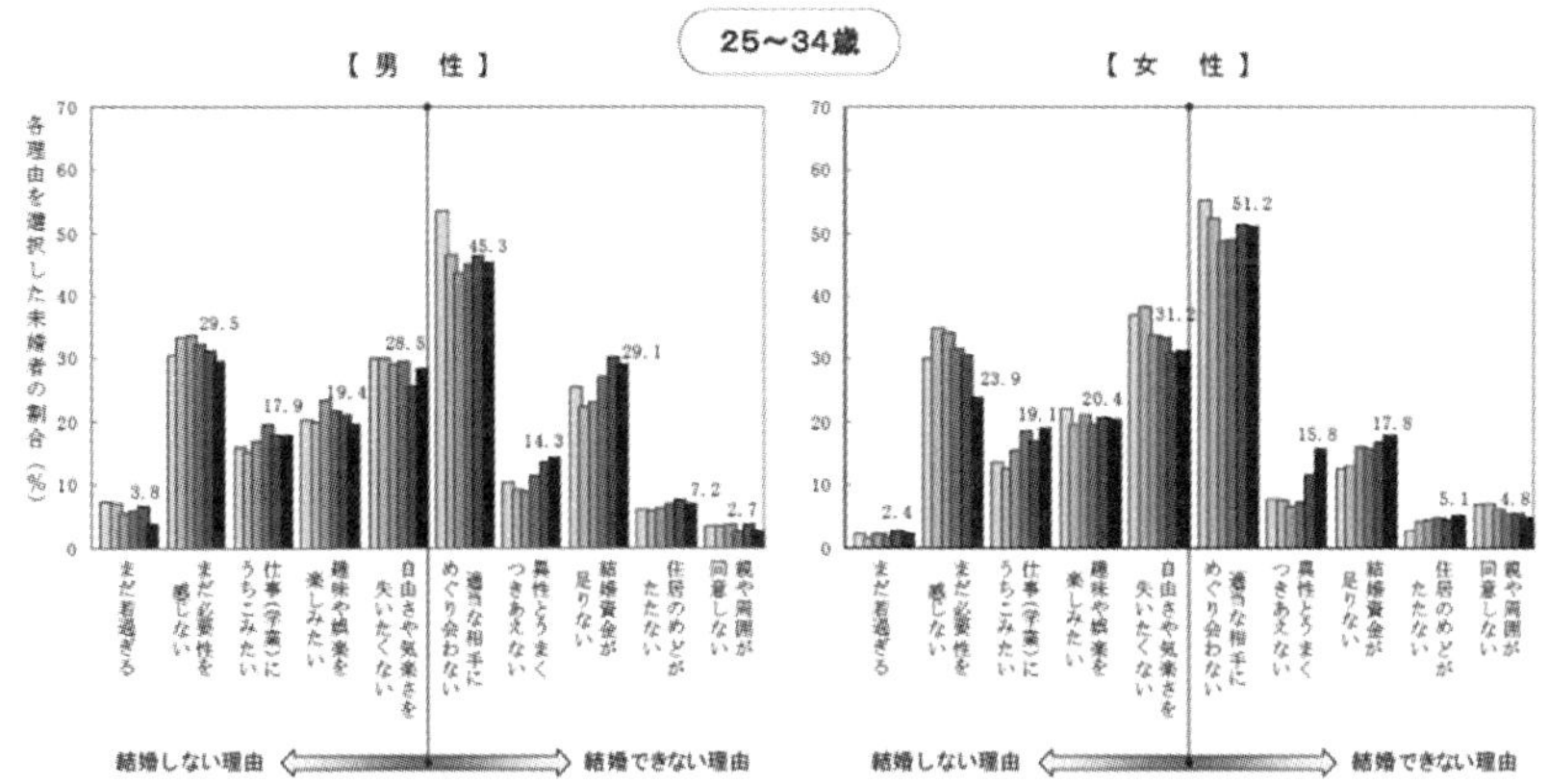

注：対象は 18～34 歳の未婚者。何%の人が各項目を独身にとどまっている理由（3 つまで選択）として挙げているかを示す。グラフ上の数値は第 15 回調査のもの。
設問「あなたが現在独身でいる理由は、次の中から選ぶとすればどれですか。ご自分に最もあてはまると思われる理由を最高 3 つまで選んで、右の回答欄に番号を記入してください（すでに結婚が決まっている方は、「最大の理由」の欄に 12 を記入してください）。」

表9　独身でいる主な理由と割合（複数回答）

	男 性	女 性
1、適当な相手に巡り合わない	45.30%	51.20%
2、まだ必要性を感じない	29.50%	23.90%
3、結婚資金がない	29.10%	17.80%
4、自由や気楽さを失いたくない	28.50%	31.20%
5、異性とうまく付き合ない	14.30%	17.80%
6、住居のめどが立たない	7.20%	5.10%

この表でわかることは、男女共一番は、相手と巡り合う機会が掴めないことであり、2番目は将来に自信がなく、収入や住宅の経済問題が不安であるということです。

（内閣府『平成 29 年版 少子化社会対策白書』）

図18　未婚者（18～34歳）「いずれ結婚するつもり」と答えた人の割合

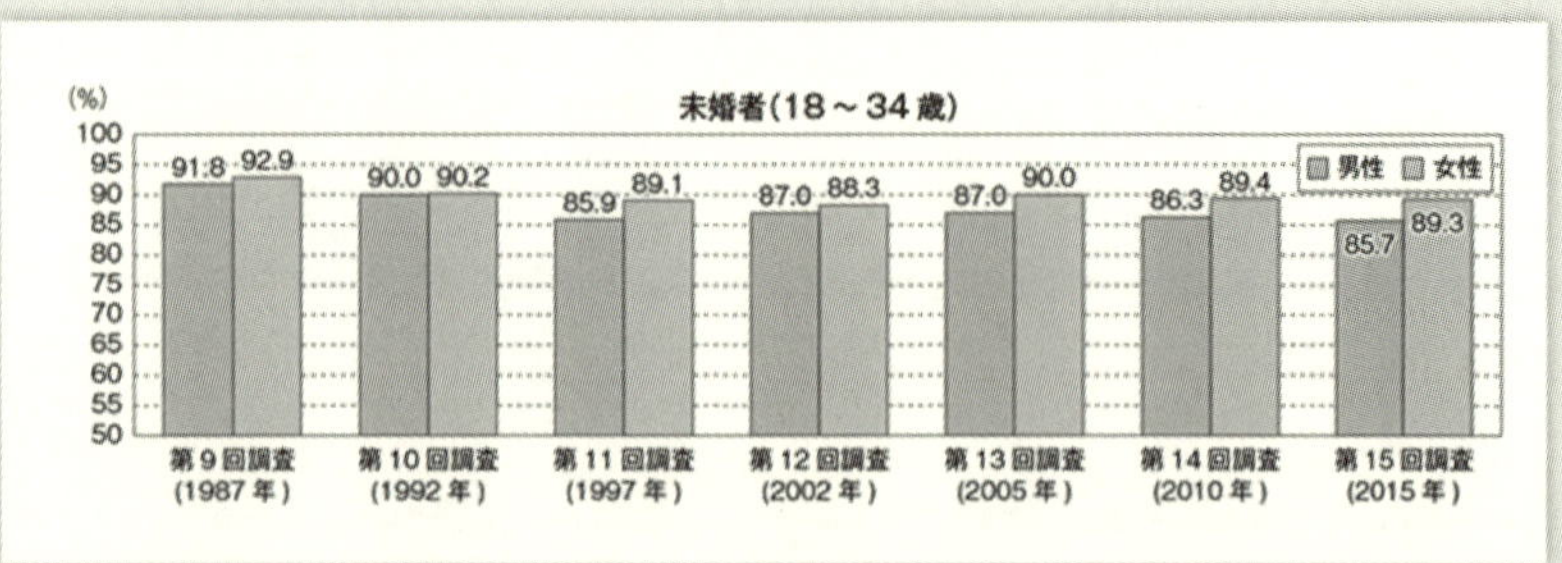

資料：国立社会保障・人口問題研究所「出生動向基本調査（独身者調査）」(2015年)

表10　図18の割合を一覧表に

	男　性	女　性
1987	91.80%	92.90%
1992	90%	90.20%
1997	85.90%	89.10%
2002	87%	88.30%
2006	87%	90%
2010	86.30%	89.40%
2015	85.70%	89.30%

（内閣府『平成29年版 少子化社会対策白書』）

人口問題研究所意識調査の結論

結婚したいかどうかという質問に

1、いずれは結婚するつもりだ90％

2、独身でいる理由

□適当な人に巡り合わないから

□自分で見つけられないから

□経済的に自信がない

□収入・年収が少なく将来の安定雇用がない

□住居費が払えない

3、正社員は身分も安定しており収入も高く20代、30代で結婚している。非正規社員は正社員の3分の1から2分の1の結婚率である。

4、2人目3人目を産まないのは教育・子育てにお金がかかるから。

5、生涯未婚の人は結婚に経済的理由で絶望している。

これだけ分かれば対策ははっきりしています。あとは政府がやるかどうかだけです。

第3章　少子化対策の成功例としてフランスに学ぶ

フランスの簡単な少子化対策の歴史

日本の少子化対策を考えるうえに、非常に参考となるのがフランスの対策です。『フランスの少子化成功例』柳沢房子（厚生省ホームページ）を参考に具体的な対策を紹介します。

現在でこそ合計特殊出生率が2・0で知られるフランスですが、この国でも19世紀末から20世紀まで長期間に亘って少子化問題に苦しんできました。1993年から1994年にかけ出生率は1・65まで落ち込み、その後1990年代後半から順調に回復を示し2・0に達したのです。

従来から手厚い家族関係給付などで充実した家族政策で知られているフランスですが、この動向については日本でも報告が相次ぎ（朝日新聞、読売新聞、内閣府ホームページ等）、2007年内閣府に設置された「子供と家族を応援する日本」の重点戦略として、フランスの家族政策を日本に導入した場合の予算規模の概算が作られました。しかし結論も何も実行されませんでした。

家族政策前史

家族支援策の展開（１９７０年台まで）

１、子供のいる家族支援の多様化と拡大

２、現在の家族政策　１９８０年代以降

70年台には出生数が大きく落ち込み

１９８１年に誕生した社会党政権は、社会的不平等の是正を掲げ保育所の増設と女性の育児の保障を公約しました。

１９８３年には男女職業平等法が制定されました。

２００６年、社会保障大臣は今後の家族政

図19　フランスと日本の出生率の推移

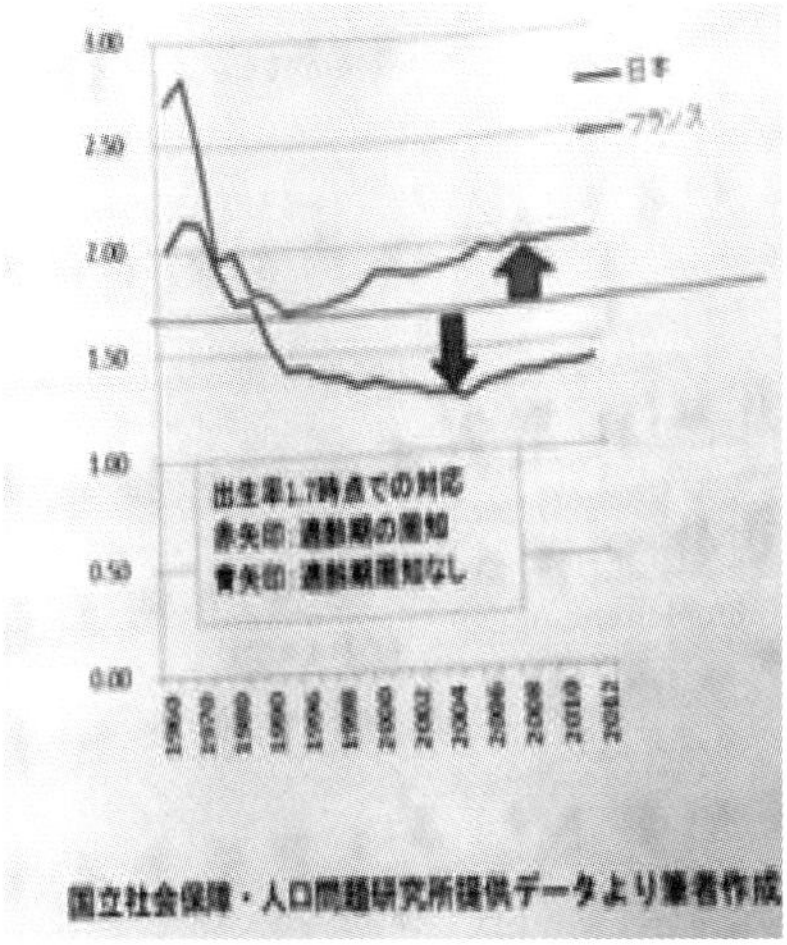

（『フランスの少子化成功例』厚生省ホームページ）

策の方向を示すものと（乳幼児プラン）を発言、大多数の共働き家族を対象とした保育の充実、育児休業手当を充実します。

家族給付と所得再配分

フランスの手厚い家族手当は所得の再配分政策として国民に理解されかつ支持されている。尚家族手当には所得制限も国籍要件もないが1997年、「より公平で効率的」な政策を目指すとして所得制限が導入されたが1998年世論の激しい反対にあい1年で撤回されることになりました。

1990年代フランス生活研究センター家族政策についてのアンケート調査によると家族に対する公的な援助が不可欠だと考えるフランス人は子供の有無にかかわらず95％～96％に達しています。

また1995年調査では家族手当の主要目的を所得の再分配（貧困対策、所得帮助、不平等是正）と捉える人は55・3％であり出生率の維持上昇を目的とし創設された家族給付はフランス市民の意識には所得再分配を達成する政策として根付いたとみられます。

この家計への効果と個別家庭への給付を推計すると、

A、3歳児未満と新生児4人の家族で年収540万円未満の基本手当は93・6万円

B、子供1人産んだシングルマザーの場合

産前は単親手当で月額10・3万円

産後3年間は月額17・1万円が保障されます。

家族給付受給家庭の17％において家族給付が毎月の収入の半分以上占めており低所得家庭での主要な収入源となっています。

フランスの家族手当の具体例

1、産前手当の充実を図るため、結婚早期の第1子出産時の出産奨励金

2、第2子第3子の子供が増えるごとに給付の金額も増えてゆく仕組み

3、それとは別に専業主婦母親手当としてひとり親手当て

4、死別による、家庭に対する孤児手当、新学期に発生する子供の新学期手当、乳幼児手当

5、子供手当とは別に住宅手当として家族住宅手当と別に個人でも住宅手当を拡大して支給

以上5点が家族政策の柱となっています。さらに子供のいる家族への支援は多様化、拡大化しており、死別による家庭に対する孤児手当、新学期に発生する子供の新学期手当、乳児手当等も支給されます。

1981年に誕生した社会党政権は社会的不平等の是正を掲げ、家族への給付の増額を行ないました。

1985年には育児親手当が創設、1990年後半からは保育と育児休養手当を始めます。これらの連続的な手当の改変はフランスの特徴として年に一度開催される「全国家族

会議」の役割が大きい。

これは首相が主催し、関係大臣、国民議会の議員が参加します。

さらに自治体や企業、労使団体の代表などから構成される会議でも発表されます。

家族給付の内容

基本となる手当は第2子以降の20歳未満の子供を対象とした所得制限なしの家族手当です。第1子については新生児から3歳までは乳幼児受け入れ手当が支給されます。また全世帯を対象に住宅手当が支給されます。例として日常生活経費として、

①第2子は2万円、第3子は月額4万5千円、第3子以上2万6千円が支給される

②新学期手当1回4万6千円、乳幼児手当、出産時14万3千円

③基本手当月額2万9千円

④ひとり親への給付は単身の妊産婦、月額9万4000円、子供が3歳に達するまで支給

⑤住宅手当1万8千円等々

さらに面白いことには家族手当と三人以上を持つ大家族にはフランスの国鉄の料金を30%から75%の割引がある。その他の各種の割引があります。

大家族カード利用者は300万人いる。日本の現状は平成19年4月以降第1、第2子は3歳未満まで1万円、小学校6年まで5000円。第3子は小学6年生まで1万円。所得制限は860万円となっています。

17年度の受給者は748万人。

家族給付と所得再分配

フランスのこの手厚い家族給付は所得再分配政策として国民に理解されかつ支持されています。給付の中心となる家族手当には所得制限も国籍要件もないが1997年、所得制限が導入されたことがあります。

フランス生活研究センターが家族政策について行ったアンケートによると、家族に対する公的援助は不可欠だと考えるフランス人は、子供の有無にかかわらず95％から96％に達しています。１９９５年調査では家族手当の使用目的を所得の再分配（貧困対策、所得補助、不平等是正）と捉える人が55・３％おり、出生率の維持を目的としていると回答した12・５％と比べるとはるかに多い。

出生率の維持上昇を目的として創設された家族給付は、その後のフランス市民の意識には所得再配分の連帯政策として根付いたものとして理解されます。こうした給付の個別の家庭を推定すると、

1、３歳未満児と新生児がおり、年収５４０万円未満の家族の場合手当の年額93万６千円受給可能

2、子供を1人産んだシングルマザーの場合
産前単親手当　月額10万３千円、産後３年間は月額17万1千円が保証される
（住宅手当含む）

家族手当が総収入の半分以上を占めています。

また、最近の内閣府の研究によると、所得再分配を国際比較で見た場合、その特徴において家族給付、税控除の多い国は再分配効率、相対的貧困率低下効果が大きいことが指摘されています。

終わりに、欧州委員会は家族への経済的支援対策と保育とは少子化対策であるだけでなく次世代育成、格差是正のための社会政策でもあると述べていることも注目に値します。

フランスに比べて日本の少子化対策は後発であるが、時間的には大きな余裕はない。具体的な成功例としてのフランスからどこを有効に学ぶのかは今後の少子化対策への鍵の一つとなるでしょう。

第4章　我が国が実行すべき少子化対策案

少子化はいつから始まったか

1990年前後から始まりました。日本だけでなくヨーロッパも同じ頃です。日本政府は効果のある手を打てませんでしたが、フランスは成功しました。特にシングルマザー対策。フランスではシングルマザーの月収15万円に対してシングルマザー手当ては18万円で、給料より手当てが多い。

低所得者家賃補助、子育て手当ての大幅増、家族手当の大幅アップと、低所得者への各種補助金。日本は企業に補助金を出すが家族へは少ない。フランスは富める者から貧しい人への富の再配分政策をやったのです。

本来「富の再配分」は政治の最大目標であり義務です。国会で本気で少子化対策を実行しようと取り上げたことがありますか。

政治家は世襲政治家が多く坊ちゃんばかりで、貧乏がどれほど苦しくて辛いものか知らない。大企業・官公庁の正社員も同じ。マスコミの社員も同じ。年収1000万円の人に分かるはずがないのです。

富の再配分化には財源が必要

政府は財政赤字であると言って、また消費税を上げます。政府は財源がないといいますが、財源はあるのです。現在大企業は法人税を税率通り支払っていない。中小企業の税率より低い。「受取配当金無税」というとんでもない税法を大企業の要請で国会で決めて実行しているのです。合法的税金逃れである。

富の再配分は世界の潮流である

アメリカ民主党のサンダース現象（低所得者に富の再配分を求める）、トランプ現象はその始まりであり、マレーシアは６％あった消費税をマハティール首相の英断で去年（２０１８年）６月にゼロにしました。

日本だけ手を打たないままでいい筈がありません。新しい時代、動きが必ず起きます。新しい動きを起こさなければ、わが国は平成の30年を再び継続させ、衰亡、滅亡への道を歩くことになるでしょう。富の再配分を実現しなければ、年収２００万円～２５０万円で家族を養えるわけがありません。

だから一生結婚しない、できないという「生涯未婚者」が男子で24%、女子で13%もいるという、日本の歴史始まって以来の悲惨な現象が起きているのです。
誰かがやらねば、声を上げねば、また現実を知らねば、そういうリーダーは出てこない。現実を知らせること、本書はその情報の発信基地なのです。

筆者の提案する抜本的少子化対策

A、給与所得者の内、平均より収入が多い大企業、官公庁社員は対象外とする
B、年収450万円以上は対象外とする
C、主たる家計保持者でないパート・アルバイトは対象外とする

即ち中小企業正社員、大企業の非正規労働者（契約社員・派遣社員）で、年収400万円以下の継続的に雇用を結び、各個別企業から定期的に給与が支給され、雇用主が確認できる男女社員を対象とする。

対象概要：中小企業500万人　非正規労働者500万人　計　1000万人

尚現在の年収に新制度の家族手当を加算したその上限は年収４５０万円として、住宅手当で調整する。

1　結婚奨励金

２０１８年　67万組を１００万組にする（プラス33万組アップ）
67万組の内40万組は対象外とし
27万組　＋　33万組＝60万組が対象

対象　60万組　×　個別金額　１００万円　予算　６０００億円

2　住宅手当

諸外国においては住宅手当を制度化している国は多く、低所得に対象を絞っているケース（アメリカやイギリス）やもっと対象を広げているが、今までの日本では持ち家対策が主であった。効率の高さという考え方から、賃貸住宅の補助が最適で低所得者の最も大きな苦痛となっていることは理解されるべきだろう。

対象は現在の低所得者全員、独身男女及び低収入家族

結婚予備軍、格差解消の目玉的政策

大都市と地方都市の家賃の差は2DKで7万円～15万円くらいあり、全国平均で単純平均で11万円～12万円と推定。年間120万円から140万円、その50％を補助(70万円)

1000万人 × 70万円　7兆円

3　母子家庭支援補助金

母子家庭全国で　124万世帯　平均月収　238万円

124万世帯　× 月額　8万円(年間96万円)　1兆2000億円

4　子供手当

第1子　70万人 × (3万円 ×12ヶ月＝36万円)　2520億円

第2子　50万人 × (3万円 ×12ヶ月＝36万円)　1800億円

第3子　10万人 × (5万円 ×12ヶ月＝60万円)　600億円

現在の年収1000万円以下の17才までの全家庭の子供手当　2200万人

（0才～17才までの子ども数　総務省　年齢別人口2015統計による）
2200万人×3万円×12ヶ月　7兆9200億円　小計　8兆4120億円

1＋2＋3＋4＝

1　結婚奨励金　6000億円
2　賃貸住宅手当　7兆円
3　母子家庭支援金　1兆2000億円
4　子供手当　8兆4120億円
合計　17兆2120億円
そのほか予備費　2兆7880億円　合計　20兆円

支給方法

従来の生活保護費、健康保険そのほかは官庁組織を通じて行われているが不詳事件が報道されている。この政策は日本国民族の存亡をかけての国難対策であり支給基準と支給方法はよほど慎重を期すべきである。

A、支給対象は日本国籍を持つ日本人であらねばならないが、帰化した外国系日本人にも当然適用する。短期であれ長期であれ外国籍は該当しない。

B、日本国内の企業で雇用契約を結びその実績が雇用主の給与証明納税等で確認できるものでなければならない。

C、家族手当の性質が第2給与的なものであるので大企業、中小零細企業であるのを問わず給与支払者即雇用者から直接支給するのが悪用を防ぐ最良の方法であろう。官公庁の事務経費も少なくて済む。対象個々の過去の履歴、結婚後の生活全般を一番知りうるのは企業経営者であり、申告から支払いまでの多少の事務量が増えるも、社員との意思疎通も十分に取れ、中小企業の経営上にもむしろ経営者にプラス要因となる。

結婚式の祝い金を出すきっかけにもなり、今は少なくなった仲介業の代役を行う中小企業経営者も期待できる。大企業の「悪」の新しい日本の経営に対して、旧《ふる》きよき大家族主義、昭和の日本的経営の復活が格差社会で分断されつつあるこの日本の国難を救うエースになる。

少子化対策向け新組織

1、中央官庁に少子化対策省または局を作る

2、全国47都道府県に同様な新しい部署を作る。当然下部組織として各市町村に同様の組織を作る

3、国、県、企業代表の合同で協議会を作る（フランスに習う）

4、少子化対策基金を作り20兆円の執行権を与える

※20兆円は医療費年金と同じく通常予算の別枠とする。

各地方自治体で行なう新しい時代の媒酌人行動の推進

人口問題研究所のアンケートにあるように「結婚しない・できない」理由の1番が「適当な相手がいない」の56％で経済的理由が第2で35％となっており、新たな解決策であり、新型の仲人運動である。

若い男女の結婚行動を助ける新しい社会システムの構築（新仲人業）

江戸時代以来の伝統的な仲人制度は個人主義と恋愛結婚願望の社会風潮により街や村の準専門的な仲人業は壊滅した。

人口問題研究所のアンケートにあるように、独身でいる理由の第1位は適当な相手に巡り合わない、異性とうまく付き合いができないの合計で男性59％、女性67％となっている。第2位は結婚資金が足りないと収入と住宅の目処が立たない、ということです。

要は自分で相手を見つける機会と勇気と能力がないのが最大の理由だと言っています。

これを今の若い人は社会性が欠如している、親、社会の過保護の結果だとかスマホ等による個人への逃避だと指摘してもなんの解決にもならない。我々がそのシステムを作り、支援体制を作らねばならない。

そもそも日本人は民族性として昔から恋愛は下手で、イタリア人のように女の子と見れば誰かれ構わず、街を歩く外国人にも、平気で声をかけるようなよく言えば開放的な、悪く言えば軽率な行動はできないようなお国柄といえる。

だから江戸時代の小説、ドラマを見ても、武士も町人も恐らく百姓も社会全体が仲人体質を持ち、親も見ず一度も会わず結婚し何となく家庭生活もうまくいっていたのでしょう。

社内結婚が多かったのもそういう巧まざるシステムがあり、何も問題がなかった。

今や社会全体がギスギスして下手に上司が口を出すと「セクハラだ」と言われかねず、先輩、後輩の関係も薄れ、いわばパサパサした他人のことに口を出さない、余計なお節介はしまい、されないが、若い人の面倒をみる機会を遠ざけている。

筆者の独身時代の体験を書きます。もちろん全くたわいない話なので笑い飛ばして下さい。

昭和30年4月高松商業を卒業、出光興産に入社しました。当時はテレビはなく田舎者には大都会は憧れであると同時に怖いところでした。

それは言葉は四国弁だし、都会のことは何も知らないから田舎もんと言われるのが怖かったし恥ずかしかったのです。福岡支店に2年いましたが私は女子社員から声をかけられるのが恐ろしくて、できるだけ近寄らないようにしていました。大分支店に転勤するまで女子社員と個人的に話は一度もなかったと思います。

福岡支店には同期入社の高卒は4人いたのですが、そのうちの1人は1年くらいで彼女ができました。社内の女の子です。あとのもう1人はまったく私と同じで休みはいつも2人で山登りでした。22才の時営業マンになりました。最初から営業の成績は良かったのです。と同時に年頃になったのでしょう。女の友達、いや彼女が欲しくなりました。酒もタバコも、いわゆる女も知りました。でも女子社員とは話しますが、それ以上はどうしていいかわかりません。

先輩とバーに行った時のことです。中村君、お前営業だろう。新規客も取ってくるではないか。飛び込みもしているだろう。女と営業は一緒なんだ。とにかく声をかけなければ何も始まらない。とにかく社内、社外構わず何人かを誘えよ。何人か（複数）に声をかけよと言うのです。

更にいいか、数打ちゃ当たる、必ず当たる、なぜなら男のお前が言えないように女性はもっと自分から言えない。男が誘ってやらないのは罪だと言ったかどうか、更に決め手は「女はそれを待っている」ですよ。

夜、寮で本田君という同年代と2人で話し約束しました。社内ではお互いにぶつからないように目標を各々決め、社外では2人で街へ出て、「ちょっとお茶でも飲みませんか」

と声をかけるのです。

今から考えるともっとましなことを言えば良いかと思いますが、それで笑われたり怒られたりしながら何とかなったのです。

尚、本田君はハンサムで私はどうみても不細工でやぼったいのですがね。顔は必ずしも関係ないようだなぁと妙に納得しました。

私は若い男女の心理、または真理を言いたくて駄弁をしました。

結婚適齢期の男女は「それを待っている」。その証拠に第2章の図18でわかるように男女共に85％以上の人がいづれ結婚したいと答えています。当たり前です。それがきっかけがない、紹介人もいない。でも自分ではどうしようもない。原因がそのあたりだとみなさんも思いませんか。原因が分かれば対策はある。病気と同じです。

1、中小企業は今でも大なり小なり家族主義です。経営者は会社を守り社員を守り社員の家族を守るために働くのです。経営者漁火会の会則第一条です。

2、社員の親代わりに社内、又は同業、取引先の社長同士で声をかけ適当な子はいないかと常時情報交換し仲人業をやるべきです。これは重要な経営のことです。

3、もし社長が苦手ならそれこそ内助の功で奥さんの出番です。いい意味での世話好きの奥様連中も結構いる筈です。恋愛のいろはぐらいは教えるのです。どんな話題がいいか、どこへ遊びに行けばいいか、お節介!! その通りです。仲人はお節介業です。

4、特別メニュー 簡単なラブレターの書き方と出し方を教える。サンプルはあるか、あります。獅子文六の『大番』上巻の最初の20ページ前後に書いています。私は皆にこの話をします。大笑いします。それでOKです。私の今の友人で空手の豪傑にこの話をしたら、彼は演歌の歌詞をそのままラブレターとして書いて今の奥様と一緒になったそうです。

江戸時代以来の伝統的な仲人制度は、日本を支える力になっていました。それはお世話役ですので「自分さえよければ」という考えの人にはできません。

まさに少子化対策は「自分さえよければ」という考えでは実行できません。

そこで、日本を悪くした「新しい時代の日本的経営」に対し、私は日本を良くするための「21世紀の日本的経営の目指すもの」を書きました。

これを真剣に読んで頂きたいと思います。

21世紀の日本的経営の目指すもの

根本的な、特に税制改革はどうしても必要

本書では、大企業に対する法人税の低い税率、特に受取配当金の益金不算入、さらに内部留保税の項目に関して大企業の批判もしくは攻撃をしています。しかし私も保守主義者ですから、大企業を無差別に攻撃しているわけではないのです。

現今の日本の政治・社会・経済いずれをみても行き詰まり、将来が見えない状況にあると考えますが、その最大の問題がＧＤＰの20年、30年間の停滞、世界的に日本だけが取り残された状況で、さらに副作用というにはあまりにも大きすぎる急激な少子化の問題があるのです。

これを解決するためにはどうしても根本的な、特に税制改革はどうしても必要だと私は考えています。

例えば新しい時代の日本的経営で非正規社員が５００万人、６００万人と１９９０年代に生まれました。

その若い人たちの賃金が年間２００万円。これはもう大企業の社員の、もしくは官公庁の給料の１／３です。私は大企業の社員の給料や官公庁の社員の給料を減らせといっているのではないんです。

この２００万の収入の人達の給料がせめて従来の許容範囲の差である、１００対60、すなわち大企業の年収の６割である年収４００万円ぐらいになれば、そこから第一に購買力が、いわゆる消費力が増えて、初めてＧＤＰが２％ぐらい、世界水準とまでゆくかどうかは別にして上がってゆくのです。

それをどういう方法でやるかということを考えると、それは財源をどうするかであって、例えば今の非正規労働者の構造というのはすっかりこの20年間で社会構造に組み込まれていますからこの仕組み自体を一挙に正社員並みにするというのは口で言っても現実に難しいということは私もわかっています。

その差額を政府が少子化対策として、結婚対策・賃貸住宅対策として、もしくは貧困家庭対策として財源を大企業に出して欲しいと伝えることはできるのではないかと思います。

日本の税制は決して世界水準に合わせて特別日本の大企業にだけ厳しいというわけではありません。逆に言えば日本の大企業はヨーロッパに比べて配当課税にしても内部留保税にしても極端に優遇されているのです。

既得権だと言えばそれまででしょうが、その新しい税をヨーロッパ並みにする、変えてゆく、それは長期的に見て結局日本の大企業にも大きな恩恵を与えると考えています。

どういうことか言いますと、日本の10億円以上の大企業の売り上げおよび経常利益を見ると、なんと日本の大企業の売り上げ金額は20年前と変わらないのです。

結論として、日本の内需が増えていないから、消費が増えていかないのです。利益は上がっているけれども売り上げは全然増えていない。賃金の切り下げで利益を出している。だからこそ、多少の税率が上がったとしても国内の売り上げや、先ほど言った低所得者層の消費行動が向上することによる売り上げ増により、利益の増大が高い確率で期待できる政策を考える必要があるのです。

30年後50年後、子供達のためにどういう国家を創ってゆくか

何も量の拡大という大げさなものではありません。世界水準比、年率2％から3％日本の消費が拡大することで大企業には一番に売り上げ効果があるはずですし、二番目には中小企業の売り上げが上がってゆくことは間違いなく、この循環によって初めて日本の経済がゆるやかながら好況になってゆくという条件が揃うわけです。

私が申し上げているのは10年後20年後の長期計画を企業も国家も建てねばならない。それが残念ながら今の日本社会では政府も大企業も長期計画を持てないのが現状と言えるのではないでしょうか。

グローバル企業の経営者や日本の大企業の経営者がしばしば「海外の企業と競争するためには、今の税制が必要だ」と言われますが、まず第一に法人税も20％前後になりましたし、海外との税制上の条件はほとんどイコールになっています。

「そういう配当課税もしくは内部留保課税を政府が強行するなら海外へ本社を移す」と、しばしば脅迫的な発言をする経営者もいますが、是非よく考えて欲しいんです。今の大企業、もちろん日本の中小企業もそうですが、今の日本があるのは決して20年や30年でなったわけではないんです。

比較的短期的に見ても30年前50年前の高度経済成長時代の大経営者たちが今の日本の経

済大国を作ったし、その恩恵で今我々は生きているわけです。

どんな大企業が言っているのかは知りませんが、果たして日本に根ざして世界でアップルのように、もしくはアマゾンのように世界を相手にして戦える企業がトヨタ以外で何処にあるのでしょうか？

私は今のトヨタの社長は知りませんが、歴代の豊田佐吉以来のトヨタ社員に教えている言葉はよく知っています。

「トヨタは単なる利益追及のためにあるのではありません。国家のために奉仕するんです」

今我が国に「失われた20年」という言葉がありますが、本当に失われたのは個人の利益の追求、楽しみの追及も大切だが、「国家とか共同社会に対して奉仕する、尽くす」ということがまず第一に失われたと言えるでしょう。

現代を風刺する言葉に「今だけ、自分だけ、お金だけ」という言葉がありますが、共同社会に、今だけではなくて20年後30年後50年後の子供達のためにどういう国家を創ってゆくか、将来の子供達のためにそしてそれは必ずしもお金だけのためではない。

もっと崇高な金銭に変えられない、日本人としてもしくは世界人として、そういう原則のもとに経済行動があってしかるべきではないでしょうか。己の企業のみ、自分のみというのは決して新しい資本主義ではありません。

サンダーズ現象が象徴する新しい時代の流れ

産業革命以来の古い資本主義が余りにも強欲なため、そのアンチテーゼとして、対抗するものとしてマルクスが資本論を書き、レーニンがそれを共産主義という政治行動で資本主義に挑戦しました。

当然ながら作用があれば反作用があり、第二次世界大戦後の新しい資本主義は一般大衆も豊かにする、そのためには強いものが弱いものを助ける、もっと専門的にいうと富の再配分をやることによって資本主義は共産主義に対抗してきたわけです。その思想がソ連の崩壊を招いたのではないでしょうか。

もちろんグローバリズムという恐ろしく醜い思想があることも知っています。しかし世界の潮流は見逃さないでしょう。良しとしないでしょう。

その政治的潮流がアメリカのトランプ現象ですし、民主党のヒラリー・クリントンの対抗の有力候補として大善戦としてアメリカの若者を熱狂させたサンダース現象ではないでしょうか。

クリントン夫人が、オバマがその前のブッシュが全て、ウォール街や大企業からの援助を受け続け厚遇し続けたが故に多くの若者や中流社会を見捨ててきた、その結果起きた現象がサンダーズ現象であったはずです。

おそらくこの潮流は21世紀の新しい時代の流れとしてヨーロッパにもいずれは日本にも生まれるかもしれません。

尚、大企業の経営者が既得権にどうしても嫌だ、出て行く、本社を日本から移すという場合は我々国民は覚悟すべきです。どういう覚悟か、どうぞ出て言ってください。ただし家族もお墓も全部持っていけ。過去の歴史を全部持って言って、それであればオーストラリアなり、オランダなり税金天国に行くがよろしい。

日本国民は、祖国を見捨てた大企業の商品をおそらく買わないだろうし、感情としてその企業を見捨てるでしょう。その企業はどこで日本と同じくらいの市場を開拓できるのでしょうか。それを考えるのはむしろ大企業の経営者じゃないですか。

大企業の配当金課税、内部留保税をヨーロッパ並みに

是非とも想像して欲しいのです。年収２００万円の若者が結婚して10万、12万の家賃を払えばあといくら残るんですか。子供を産むどころか結婚もできない。こういう人たちを可哀想だと思わないのは精神的傲慢、無知です。

労働力が足りなければ海外から連れて来ればいいと政府や大企業は考えているようですが、この心優しい日本人がアメリカのようなトランプのような、移民に対して強い覚悟で臨むことができると思っているのでしょうか？　特に中国人対してきちんと対抗できるでしょうか？

はっきり言っておきます。国の方針として海外にいる中国人はいざとなれば中国に対して忠誠を尽くせと命令されているのですから、大変に危険なのです。

そのためにもまずは日本の若者を助けて、日本の若者達も多くの子供を産んで今のままいけば、30年後40年後1億人を維持することができるんです。

その少子化に対して多くの日本人が無知なのか、減ってもなんとか生きていけると考えている。それは今のことだけしか考えて生きていない人の言葉です。日本の人口が3割減れば日本の消費市場は3割減るんです。

そんな時代を何も挑戦しないで、抵抗しないで、平成30年間と同じように不作為（何もしないまま）、不戦敗で次の時代の子供たちに引き継ぐというのでしょうか。そんな残酷なことはやってはならないことです。

フランスは30年前に少子化の問題の重要性に気づき、政府を挙げて少子化対策を打ち、すでに近年、人口増になっています。ドイツの人口を追い抜くと言うのが、フランス政府の国家目標になっているのです。

やればできるのです。

その鍵になるのが大企業の配当金課税、そして内部留保税をヨーロッパ並みに引き上げる政策です。この財源で多くの若者・子供が救われるし、そして人口増に逆転してゆく。是非大企業の社員諸君、経営者にGDPをどうやって増やすかを知っていただきたい。

それは消費を増やすことだ。消費を増やすこととは、低所得者層に、若者になんらかの形で家族手当をフランス並みに出すべきである。ということを理解していただきたいと思っています。そのような気持ちで、私はこの本を出版することにしたわけです。

ＧＤＰ成長と少子化の財源対策

これまで見てきたように我が国の少子化は、このままでは、国家、民族の衰亡に直結しています。それなのに少数の政府、官庁の専門家は知りながら、政府に具体的行動はなく危機における砂漠のダチョウのように砂に首を突っ込んで目をそらし諦めムードになっているのです。

手を打てない最大の理由は、その財源でしょう。あえて好意的に推察するならば国の財政赤字が大きな壁になっているからでしょう。冒頭に述べたように安倍総理も少子化は国難であると宣言しながら、現実にはその国難に対処する対策はこの2年間、納得できる対策は何一つ出していない。昨年の自民党総裁選の討論会でも、やはり国難であるといいながら具体案は教育の無償化だけです。焦点は若者が子供を産める政策を作るかどうかではないか。なぜ少子化具体策を提言しないのだろうか。

マスコミも忘れてしまったのか殆ど取り上げることはない。

学者グループからは、財源は政府の管轄だからでしょうか、10兆円単位の提案は出てこない。財源のある程度の目処がつけば活発な議論も期待できる筈です。

1903年、日露開戦の前年、当時国家予算1億9千万円の時代、参謀次長児玉源太郎中将は、財界のリーダー渋沢栄一に国家存亡の時として、経済界に全力で一致して協力してくれるように説明、懇願した。当初及び腰であった渋沢栄一も立ち上がった。キーワードは「国難」であった。非常時の時は非常時の手段が必要なのです。

今現在の高校生、中学生が40年後には50歳から55歳になる。その時の人口は9000万人まで人口は減る。日本の消費市場は3500万人から4000万人減少、新幹線に乗る人も同じ率で減る。世界における国の総合力、学問からスポーツ、防衛力も同じように減ることになるだろう。

今、生きている我々が何もしなければ、そういう社会を子孫に残すことになる。明治維新をやった先人に、戦後の高度成長を成し遂げ、アメリカにつぐ経済大国2位の日本を作った松下幸之助さん、ソニーの井深大さん、本田さんになんと報告するのか。3等国日本、4等国日本を子孫に引き継ぐのか。人はどうであれ、私は日本人は優秀な民族だと信じています。そうでなければ今の日本はなかったからです。今必要なのは強いリーダーです。

優秀なリーダーが出てくれれば、我々は世界が驚くほど偉業を成し遂げる能力があることを歴史は証明しています。ほぼ無血革命の「明治維新」、コロンブス以来有色人種が白人との戦争に勝ち、世界史の分水嶺となった「日露戦争」、廃墟の中から高度成長と経済大国を成し遂げた我が国日本は、世界史に多くの貢献をした誇りある日本人ではないですか。幸いやり方によっては20兆円や30兆円は捻出できます。当時と違って我が日本は腐っても鯛、戦後蓄積した技術と資金力がある。世界一の債権国であり、外貨準備力もドルにして一兆ドルを超えている。稼ぎ方から使い方の時代、宝の持ち腐れを脱皮しよう。

財源は税制改革

A、配当金益金不算入制度の廃止
現行の制度を1960年代に戻すだけです。

A-1 国内配当金
2018年度の東京証券取引所上場の経常利益は史上最高となる大企業の配当金収入は推定10兆円法人税率30%としても税額3兆円

A-2 外国子会社、関係会社からの益金不算入制度(2009年度)の廃止2018年の配当収入、推定10兆円、税率30%で3兆円

A-3　高額富裕層（年収1億円以上）の配当金分離課税廃止、又は最高税率の引き上げ

配当金収入推定1兆円、所得税率46％税収４６００億円

A-1＋A-2＋A-3＝合計6・46兆円

B、内部留保税の新設

２０１８年度　内部留保金積み増した分25兆円、税率30％で7・5兆円

第5章　所得が少なく結婚できない子供を持てない街の声

街の声

①結婚相談所なんて正社員の為のビジネスだと分かりました。
34才の男子。1年前に会員申込の為、相談所に行った所、年収から経費を引いた所得が、水準に達していないという理由で、登録を拒否された。

ショックだったし、怒り、失望がのこり複雑な思いだけが残り、婚活から撤退した。

計算では自分の収入３００万円では、相談所も相手にしてくれないという事だ。

②今、交際している女性と合わせれば、年収４００万円になるが、女性側の両親は猛反対で、結局彼女と別れた。
最大の理由は、非正規社員なので10〜20年後の収入が増加の見通しが無い事です。

③シングルマザーの場合。
これは3年前、会社の近くの小さな公園での昼休みの話です。35〜6才ところの女性がしょんぼりと1人で寂しそうに公園のベンチ座っていたので、「どうかしましたか」

と声を掛けました。

私の事をどこかの会社の社長だと思ったのか「日中の仕事で何かいい所有りませんか」と問いかけられた。

女性は続けて「今、私の仕事は昼間7時間、夜は飲食店のアルバイト。これをやっていますが、仕事がキツイのと、収入が月に25万円くらいで、2人の子供を養って行くにはもう限界です」と心の内を話してくれた。

残念ながら私は紹介する先も無く慰めようもありませんでした。

④東大宮のアパートに住んでいる若いお母さんの話。
夕方6時ころ、そのお母さんは1才くらいの赤ちゃんをだっこして、4才くらいの男の子の手をつないでアパートに帰って来ました。

お母さんも子供も笑顔で明るい挨拶してくれたので、思わず「あと1人は欲しいですね」と言ったら、「主人も私もそう思いますが、収入が今のままでは、生活に自信がなく、諦めています」と返事が返ってきた。

情報　車大手期間従業員の無期雇用を回避、骨抜きに

「朝日新聞　2017年11月4日付け」

トヨタ自動車やホンダなど大手自動車メーカーが、期間従業員が期限を区切らない契約に切り替わるのを避けるよう、雇用ルールを変更したことが分かった。改正労働契約法で定められた無期への転換が本格化する来年4月を前に、すべての自動車大手が期間従業員の無期転換を免れることになる。雇用改善を促す法改正が「骨抜き」になりかねない状況だ。

2013年に施行された改正労働契約法で、期間従業員ら非正社員が同じ会社で通算5年を超えて働いた場合、本人が希望すれば無期に転換できる「5年ルール」が導入された。申し込みがあれば会社は拒めない。08年のリーマン・ショック後、大量の雇い止めが社会問題化したことから、長く働く労働者を無期雇用にするよう会社に促し、契約期間が終われば雇い止めされる可能性がある不安定な非正社員を減らす目的だった。施行から5年後の2018年4月から無期に切り替わる非正社員が出てくる。

改正法には、企業側の要望を受け「抜け道」も用意された。契約終了後から再雇用まで

の「空白期間」が6ヶ月以上あると、それ以前の契約期間はリセットされ、通算されない。これを自動車各社が利用している。

トヨタは15年、期間従業員の空白期間を、それまでの1ヶ月から6ヶ月に変えた。ホンダ、日産自動車、ダイハツ工業も13年に空白期間を3ヶ月から6ヶ月に変更した。

自動車業界の期間従業員は、半年程度の契約を繰り返して働き続けることが多い。日産の期間従業員は連続で4年11ヶ月まで、トヨタ、ダイハツ、ホンダは連続2年11ヶ月か3年まで働ける。例えば、期間従業員が2年11ヶ月働いて、いったん退社、6ヶ月未満で再契約し、2年1ヶ月を超えて働けば、無期雇用に切り替わる権利を得られる。だが、空白期間を6ヶ月にすれば、どれだけ通算で長くなっても無期転換を求められない。

空白期間を6ヶ月に変更した理由について、日産、ダイハツ、ホンダの広報は、労働契約法の改正を挙げた。トヨタ広報も「法の順守はもちろん、時々の状況に応じた制度づくりを行っている」と答えた。

三菱自動車、マツダ、スバルの空白期間は以前から6ヶ月だった。スズキは再雇用をしていなかったが、13年に認める代わりに6ヶ月の空白期間を導入した。トヨタなど4社の空白期間変更により、自動車大手8社すべてで、期間従業員は無期転換の権利を得られないことになる。

法改正の議論では、経団連が「企業が再雇用をしなくなって労働者の雇用機会が失われる」などと主張、空白期間をとりいれることになった。労働組合は5年ルールの形骸化を防ぐため、空白期間を設けることに反対していた。労組関係者は「法案をまとめるために妥協の産物としてつくられた抜け道が、利用されてしまった」という。（著者：利用ではなく悪用だ）

無期雇用に転換したとしても、ボーナスや定期昇給がある通常の正社員になれるわけではない。ただ、無期雇用で職を失う心配がなくなれば、住宅ローンを借りやすくなったり、有給休暇を取りやすくなったりする。サービス残業などの違法行為にも、泣き寝入りしなくてすむ。

厚生労働省によると、期間を定めた契約で働く人は1500万人にのぼり、うち3割が同じ企業で5年超続けて働く。400万人以上が無期雇用を申し込む権利を手にする計算だ。非製造業を中心に無期雇用の制度づくりを進める企業もある一方、無期雇用の権利が発生する前に雇い止めする企業も出ている。

自動車各社は無期転換とは別に、正社員登用を進めていることを強調する。ただ、登用者数が期間従業員全体に占める割合は、1割程度にとどまる社が多い。（大日向寛文）

労働問題に詳しい嶋崎量《ちから》弁護士の話　改正労働契約法の趣旨に反する雇用が、日本を代表する自動車産業で広く行われていることは驚きだ。他業界への波及が懸念される。不安定な雇用で働かせ続けたい経営側も問題だが、万一これを容認したのであれば、労働組合も社会的責任が問われかねない重大な問題だ。非正規社員の間には、「正社員の雇用安定しか考えていない」という労使双方への批判がもともと強い。労使で早急に議論をして改めてほしい。

自動車大手8社が設けた空白期間

トヨタ自動車　1ヶ月↓6ヶ月（2015年）
ホンダ　3ヶ月↓6ヶ月（2013年）
日産自動車　3ヶ月↓6ヶ月（2013年）
ダイハツ工業　3ヶ月↓6ヶ月（2013年）
スズキ　6ヶ月（2013年）
スバル　1日　↓6ヶ月（2008年）

マツダ　　　　　　６ヶ月
三菱自動車　　　　６ヶ月
※カッコ内は変更時期。スズキは13年の制度変更まで再雇用をしていなかった。

テレビや国会で大騒動した、モリ・カケ、スポーツ業界のパワハラをはるかに上回る大スキャンダルではないでしょうか。それなのにほとんど取り上げない。

スポンサーの広告料減収が怖いのか。

「弱者の味方！」など偉そうなことは二度と言わないでくれ。非正規労働者は政府、官庁、政治、マスコミから見捨てられた存在だ。

その彼、彼女たちの差別された怨念と絶望、あきらめが、意図せざる日本社会への復讐として結婚しない、できないへと繋がっているのだ。子供を生まない、生めないという事が我が国の歴史始まって以来の急激な人口減少という社会現象に繋がっているのではあるまいか。

第6章　国難をどう乗り越えどう乗り越えたか

第三の国難「世界に例のない急激な人口減、少子化問題」

本当に国難と思ったら抜本的対策案を示すべし

安倍総理は2年前、国民を前にして「少子化問題は国難である」と表明しながら、一体何をしたのでしょうか。何もしていないのと同じです。マスコミも同じ。全ての政党も同じで「大変だ」とさえ言わない。国会では小手先の対策だけで実際に改善する手は打っていない。

もし安倍総理が本当に国難と思うなら超党派で最低20兆、30兆円の予算で抜本的対策案を今すぐ出すべきです。

と同時になぜ国難なのかを国民全員に訴えるべきなのです。

歴代政権の無策のためEU諸国に比べて30年遅れており今の状況ではさらに35年、40年と遅れ、その時間だけ危機は増大していきます。

フランス、スウェーデン、イギリスは1990年前後から国を挙げて国民合意のもとに実行しかつ成功しています。少子化は決して先進国の宿命ではないのです。

第三章で述べたように、フランスの出生率はそれまでの1・5から2015年には1・92となり政府は2・0以上の出生率に自信を持ち出生率の低いドイツの人口を追い越すとまで言っています。

しかるに我が国は「1・57ショック」と、一時的に騒いだだけで何もせず抜本的対策を立てず、お茶を濁す程度でやってきました。今のままでは『未来の年表』（講談社現代新書・河合雅司著）の通り毎年確実に進行するでしょう。

ところが、現状では事実上今は何もやっていないし、政府も抜本的対策も目標も一切言わなくなりました。それどころか産経新聞の河合雅司氏も、最近は少子化は仕方がないとあきらめたのでしょうか。少子化（人口減少）を前提にコンパクト社会をどう生きるのか等述べています。

その他のリーダー達は少子化そのものを話題にすらしません。平成の30年間と同じく長期戦略は何ひとつなくその日暮しの不戦敗を続けるつもりなのでしょうか。誰もやらなければ『未来の年表』にあるように100年後には、日本の人口は5000万人になる恐れもないとは言えません。

人口規模、経済、国情が比較的に我が国と似ているEU、なかんづくフランスが成功しているのに、なぜ我が日本はやらないのでしょうか。できない理由はありません。

財源確保と対策案を提言すべし

1　肝心なのは政府を中心に強い決意とリーダーシップ。マスコミ、識者の啓蒙による国民的合意ができるかどうかである。

2　できないと考えるのは、抜本的政策を打ち出す為に必要な20兆円～30兆円の財政捻出の案がないからではないか。少子化対策を語る数少ない識者が、対策を語れない最大の原因は財源について全く自信がないからではないか。

詳細は本文で説明したように少子化は克服できる。

1　少子化の最大要因はすでに結論が出ているとおり、若年層低所得者層の未婚と晩婚による出生数の大幅減である。

2　財源は法人税の是正、受取配当金の益金不算入は親会社が控除できる優遇税制を国際基準、ヨーロッパ並みの30％適用と内部留保税の新設である。20兆円あればフランス並みの少子化対策はできる。

これらに対して、経済界が反対する？　最初はそうでしょうが資料を出し、国民に説明すればいくら大企業が反対しても反対する理由を探すのに苦労するでしょう。なぜなら平時ではなく、70年に1回の国難の時だからです。

政府、大企業、国民が現状を正しく理解することさえできれば、我々日本人なら必ずできると信じています。

政府、大企業にはそれだけの力があります。問題は政府に危機感と実行力があるかどうかだけです。

なぜなら少子化が進行、人口が1億人を切り現在の人口の30％が減るということは消費が30％減ることであり、市場が30％縮小することになるからです。

現にGDPが20年以上横這いの大企業の売上高は、1995年以降25年間売上は横這いのGDPに連動しています。

国家が衰亡すると国民も、そして大企業も例外とはなりません。本来、国家と国民は運命共同体なので大企業だけ栄えることはあり得ないのです。

さて、国難としての少子化問題解決案を説明しましたが、これまで日本は、幾つかの国難を乗り越えて現在があります。

まさに国難というべき国家の危機を乗り越えて来たのです。そのことを、「第一の国難」と「第二の国難」と銘打って紹介します。

第一の国難「黒船襲来による鎖国の終焉と西洋文明との戦い」

明治の先人は国難を見事に乗り越えてきました。その具体例を象徴するものとして明治37年〜38年の日露戦争を復習してみたい。

明治維新政府は猛烈なスピードで欧化政策、近代化政策を遂行し、「富国強兵」を合言葉にまがりなりにもアジアで唯一の近代国家らしきものを造りつつあった。そのとき、朝鮮半島を巡って南下政策中の帝政ロシアと戦わざるを得ない状況となる。当然政府は苦悩する。なぜなら、国力の差があまりにも大きく、桁違いであったからである。

1　財政規模　日本1億9千万円に対してロシアのそれは10倍

2　陸軍常備兵力日本20万人弱に対しロシアは１４０万人

3　海軍の主力戦艦は日本6隻に対してロシアはバルチック、旅順両艦隊併せて10隻、世界中の新聞は「喧嘩にすらならない」であった。何十回の外交交渉の末、決裂するが、特筆すべきは世論を代表する新聞は、ただ1社を除き対露開戦であり、帝国大学7人の教授が政府に開戦申し入れを表明するほどであった。

当時の日本政府、軍部のとった方針

1　日英同盟の締結
2　議会の承認なしの海軍力の増強
3　外債による資金の調達
4　陸戦では五分五分に持ち込み第三国による戦争早期停戦（アメリカに期待）「負ければ日本は滅びる」が政治家も軍人も国民も共通認識であった。

ここに秘話がある。（司馬遼太郎著『坂の上の雲』より）

財界が資金調達に対して必ずしも積極的でなく陸軍参謀長の児玉源太郎中将が単身財界

のリーダー渋沢栄一の事務所を訪れ軍の決意と満州におけるロシアの軍備増強について説明、財界人に満州視察を要請、近藤廉平以下数人が満州から帰り報告する。満州は一面ロシア軍の鉄とコンクリート覆われつつある、と。ここに財界上げて協力することになる。それでなくとも重税にあえぐ一般庶民の生活は貧しくまさに飲まず食わずの状況であった。農村は前政府の徳川時代よりも酷税であったという。

酷税という言葉だけを取り上げ、現代の感覚で言えば、なんと政府は酷いことをしたと思われるかもしれない。しかし結果は歴史のとおりである。

陸軍は旅順の203高地の苦戦もあったが、当時世界最強のロシアに対しかろうじて勝利をし、海軍は日本海海戦（世界的には対馬沖海戦と呼ばれる）において世界史始まって以来の歴史的な勝利となり、東郷平八郎元帥の名はイギリスのネルソンに匹敵する提督として世界的に有名になる。

我が国にとってはまさに有史以来の国民戦争、祖国戦争であったといえよう。

以後の日本史についてては異論もあるでしょうが、この戦争によって日本が世界の五大国の一つとして、アジアでは唯一の近代化に成功した世界史の分水嶺となりました。白人と有色人種の戦争でコロンブス（１４９２年）以来４００年にしてはじめて白人が有色人種に負けた戦争となったのです。

日露戦争後日本の台頭を警戒し、ドイツ人シュペングラーによる『西洋の没落』という論文も書かれ、黄禍論が白人の間に持ち上がり、アメリカが日本を目標に海軍の大増強政策をはじめたのもこの影響です。

それ以上に世界の有色人種の反応は大きく、若きインドのネールがはじめてイギリスからの独立を決意し、中国の孫文、トルコのケマルク他、ベトナム、フィリピン、ビルマ等の若いリーダー、大衆に与えた自信と希望は50年後に実現します。ロシアに恨みを持つフィンランドをはじめとする北欧各国、トルコ、イギリスに植民地化されているインド、エジプトが今も強い親日国である理由はここにあるのです。

と同時にその後の日本軍部の傲慢と自己肥大が、第二次世界大戦におけるアメリカとの戦争の遠因の一つとなり、遂に１９４５年の一時的亡国に至るのです。

歴史は繰り返すと言いますが、バブル以降のわが日本経済史をみてもジャパン・アズ・ナンバーワンと舞い上がった国が、平成30年の経済敗戦に至ることをみるにつけ、歴史が我々に何かを暗示しているのかも知れません。

第二の国難「1945年8月15日、米国および連合国に降伏」

日本はアメリカ占領政策下におかれる。その占領政策の基本はルーズベルト大統領による「日本憎し」であり、二度とアメリカと戦えないように4つの島に閉じ込め二度と立ち上がれないように我が国を四等国にすることであった。

(1) 太平洋沿岸の重化学工業の工場は全て廃止、江戸時代と同じ、鍋・釜以上のものを作らせない農業国家とする

(2) 軍隊は全て解散、陸海空の兵器は全て破棄、二度と戦争をできないような国にする

(3) 国防は憲法により戦争放棄（世界でも例がない）9条を入れ再軍備禁止（事実上の植民地憲法）

(4) 武道に関するものは全て禁止（柔道、剣道ほか）

(5) 教科書から戦争に関するもの全て削除（楠木正成、赤穂浪士、忠臣蔵、日本人の復讐を恐れて）

(6)　飛行機は、民間機はおろか模型飛行機も禁止
(7)　財閥解体、農地解放（小作禁止、公職、大企業指導者10万人以上を追放命令）
(8)　戦争犯罪者の裁判（東京裁判）・勝者が敗者を裁く例は、世界史上ドイツが裁かれたニュルンベルク裁判以外にはない
(9)　新聞・ラジオの検閲（言論の自由の国アメリカが……）
※日本の戦争を全て悪とする新聞、ラジオによるキャンペーンも行なわれた。いわゆるウォーギルト・インフォメーションによる、世論の極端な情報操作
(10)　そのほかいっぱい
※アメリカ軍は日本政府に命じて大規模な慰安所を作らせた。占領軍の暴行、強姦は新聞に一切書かせない。

一方、日本の都市は焼け野原、飢えとヤミ市でとにかく生き抜いた――アメリカによる有償の食糧援助があったことは記録されるべき。ロシアに占領されるよりは良かった。

歴史は面白い。第二次世界大戦でルーズベルトのアメリカは、スターリンのソビエト・ロシアに膨大な軍事物資の支援をし、ドイツと日本をやっつけたら後はアメリカの天下だと思っていたのに、あにはからんや東ヨーロッパは瞬く間に共産化し、チャーチルの言う

「鉄のカーテン」（共産国圏）ができた。

そして中国大陸では、蒋介石の国民党軍に何十年間武器弾薬資金を援助（国際法違反）し続け、日本に対抗させた。その蒋介石の中華民国が僅か4年で台湾に追っ払われ1949年共産中国が成立した。いわゆる自由主義対共産主義の東西冷戦のつばぜり合いが始まった。

1950年6月20日、朝鮮半島の38度線を北朝鮮が戦車を先頭に怒涛の如く南下し、瞬く間に釜山の一歩手前大邱《テグ》まで攻め寄せる。それに対してアメリカを主力とする国連軍が参戦する。総司令官はマッカーサーである。

軍隊は在日アメリカ軍が一番に出陣する。日本は米軍の後方支援基地となり、武器弾薬の補給修理、米空軍の基地となる。

ここにアメリカは当初の方針を翻し、対日政策は一変、一斉に太平洋沿岸重化学工場の再開となる。更に米軍の朝鮮半島転出後の日本国内の治安維持を理由に、旧日本軍の再建を命じた。6万人の警察予備隊である。旧日本軍の将兵はさぞかし喜んだことだろう。その後保安隊となり現在の自衛隊になる。

同時に日本政府に連合国との講和条約締結を命じ、その結果日本は条約を結び国際社会に復帰することになる。アメリカの方針は日本列島を反共の不沈空母とすることであり、そのため日本を同盟国と見做しアメリカの下請けの国家とし全面的に応援することとなる。その援助方法はすさまじく、重化学工業再興の為ならば金も技術も供与し、さらにそこから生まれる輸出商品もアメリカはどんどん受け入れた。

私は昭和30年に出光興産に入社したが、出光は昭和31年から徳山に最新鋭石油精製工場を造った。資金はバンク・オブ・アメリカ、技術はユニオンオイルプロダクトが支援してくれた。多くの重化学工業も同様なことがあったのだろう。

天祐という言葉があるが朝鮮戦争こそ、我が国にとってはこれほどピッタリした言葉はないと今も思っている。

韓国の人が日本は朝鮮戦争のお陰で復活したというのはその通りで、当事者が意図したわけではないが、日本は息を吹き返したのは歴史的事実である。

でもここからは違う。「朝鮮特需であぁ良かった」と思うと同時に、そのあと目標をアメリカの経済に向けた。

戦争では物量によって負けたが経済では技術力で簡単には負けない。アメリカの経済力に憧れると同時に俺たちも頑張ればアメリカのようになれる。「アメリカに追いつけ！」これが恐らく経営者から一社員までの胸に秘めた敵愾心ではなかったか。

少なくとも出光の社員であった私はそうだった。私の知る商社やメーカーの友人も同じであった。その後の朝鮮動乱の何十倍もの規模でベトナム戦争特需があり、ここからが高度成長期の始まり。「アメリカに追いつけ」が日本民族のエネルギーとなったと思っている。

こうして日本は国難を乗り切って、現在があるのです。もし第三の国難を乗り越えることができなければ、こうした先人の苦労と努力を無駄にするばかりでなく、日本そのものの存在が危うくなっていく。

それを乗り越えなければとの思いが、こうして書きながらさらに強くなるばかりです。

第7章　消費税をゼロにした92才の男

消費税6％を廃した国がある

消費税は全国民の生活に直接関係してくるので、税率を上げるとなると賛否両論が出てくるのも当然です。特に低所得者にとっては生活に響くので、できれば税率をあげるのではなく、無くして欲しいと思うのは本音と言えるでしょう。

そうした反対論は東京大学院藤井聡教授著『10％消費税が日本経済を破壊する』（晶文社）をはじめ、多くのエコノミストが新聞、雑誌で主張しています。

しかし、肝心のお茶の間で視るテレビで取り上げないから、世論として盛り上がらずこのままでは2019年10月を迎えそうな状況です。

国会はもうあてにならない。

こういう時、昨年の2018年6月、マレーシアのマハティール首相は世界で初めて今ある消費税の廃止を断行したことを知っているでしょうか。

昔カレーのコマーシャルで「インド人もびっくり」というのがありましたが、まさに日本人もびっくりでしょう。ところが日本人はびっくりしない。何故か？　この事実をマスコミがニュースとして大きく取り上げなかったからです。これは情報の悪意あるシャット・

ダウンと言わざるをえません。

政府は10月の増税時期を控え、7月の参院選挙前にこの情報（消費税を廃止した例）が流されたら消費者団体だけではなく、街の主婦、オバサンが怒り狂うのを恐れたからでしょう。日本が消費税を上げようという時、今ある消費税6％をゼロにした国があるのです。

それを断行したマハティールさんのプロフィールを紹介します。

〝ルック・マレーシア・マハティール〟（マレーシアに学べ）

２０１８年６月１日、マレーシア政府は消費税を廃止しました。

同年５月９日、92才のマハティール野党連合党首は、対中国外交見直しと消費税の廃止を二大公約として選挙を戦いました。

そして政権交代が実現したら１００日以内に廃止すると宣言したのです。

マハティールさんはかつて自分が後継者として指名した現首相を破り、15年ぶりの政権復帰を果たし、わずか20日で公約を実施、１２０日後の６月１日に消費税を廃止したのです。

92才という年齢と消費税廃止という世界に例の少ないことが、国際的ニュースとして世界の注目を浴びました。前政権は財政再建のためと、２０１５年から消費税を６％の税率で実施していました。それに対して国民は大きな不満を持っていたのです。

第1期マハティール政権の基本方針は〝ルック・イースト〟（日本に見習え）であり、当時のアジア諸国、日本でも有名になった言葉です。

マレーシアは戦前までは英国の植民地であり、ゴム園と阿片、そして経済は多くのアジア諸国がそうであったように中国人華僑に握られ、独立したもののマレー民族は下層階級で、搾取の構造は少しも変わりませんでした。

若きマハティール首相は阿片の厳禁（死刑もあり）と華僑の全員追放です。勿論政治的合意のもとであり、その追放された華僑が新しく作った国が現在のシンガポールです。結果的に見て両者はともに繁栄の道を歩んできました。ちなみに今でもシンガポールの水需要の大半はマレーシアから送られています。

2019年には94歳になるマハティール氏は若い時から親日であり、トルコ建国父アタチュルク・ケマルクと同じく日本の明治維新を研究、教育と産業の近代化を目指しいち早く松下電器の家電工場誘致をはじめ日本式国家運営を始めました。

第二次世界大戦での日本の戦いの意義も高く評価、日本というお母さんの国が腹を痛めて戦った結果、東南アジアの多くの国が独立した。日本なかりせばアジアは長く白人の植民地であり続けているに違いないと言いました。建国初代のラーマン首相も同じことを言っています。

25年ぐらい前、自社さ連立政権の時、村山富市首相が訪問、マハティール氏と会談、冒頭に「戦前わが日本国がアジアを侵略し大変迷惑をお掛けし深く謝罪します」と言ったことに対しマハティール氏はこう言いました。

「何を寝言を言っている、歴史を知らないのか、日本が戦ってくれたから今のマレーシアがある。アジア各国は欧米の白人と戦う力は全くなかった。日本に感謝している。過去のことではなく将来について語ろう」と。これも有名な話です。

更にマハティール氏は言う。戦後の日本も凄い。あの廃墟の中から立ち上り世界の工業国アメリカに次ぐ第2位となり、周辺の国、韓国、台湾をはじめタイ、インドネシア、マレーシア等に新しい技術と投資と人材を派遣、今やどの国も電気・自動車を作れるようになり、輸出商品にもいずれなるでしょう。

戦前チェコの機関銃で名声をはせたチェコスロバキアは、ソ連に支配され目が覚めるとあの東南アジアの多くの国に技術で負けるようになっていた。これもすべて日本のおかげです。筆者いわく、文句をつけるのは中国と韓国だけです。
※マレーシアの人口は約3200万人、GDPは日本の10分の1。

通貨危機時のマハティール首相

1997年約20年前、アジア新興国を通貨危機が襲いました。

タイ、インドネシア、韓国も同じ、大きな痛手を受け株式、通貨の暴落、経済は大混乱しました。IMF、世界銀行は上記の国への支援を条件に厳しい構造改革と外国資本の導入を受け入れざるを得ませんでした。結果韓国を例にすれば、韓国大企業の株式資本は半数以上いや、60%、70%がヘッジファンドが持つことになり以後様々な制約を受けることになります。

マハティール氏は、通貨危機は米国を筆頭とする国際金融資本が仕組んだマネー戦争だと見抜き独自の防衛策を取り、IMFの言うことを聞きませんでした。グローバリズム、新自由主義を拒否したのです。結果、高成長はありませんでしたが国内経済は急速に回復し、外国資本の侵入を許しませんでした。

マハティールの来日

そのマハティール首相は、選挙が終わり、その40日後、消費税を廃止した10日後の2018年6月12日、日本に来て安倍総理と会談しました。どんな内容だったのでしょう。親日家マハティール氏との会談で安倍総理は、久しぶりに緊張のいらない和気あいあいの何時間であったに違いありません。しかしマスコミは沈黙でした。

マハティール来日のニュースは報じましたが、肝心の消費税廃止の談話は何も見当りませんでした。消費税廃止の世界的ニュースは、対談の中で出なかったのでしょうか、記者会見があったのかどうか分からないが、記者から安倍総理に対しての質問もなかったようです。日本の記者のレベルはこれほど低いのか。「記者魂」という言葉がありますが金輪際使ってもらいたくない。

我々はテレビでトランプ大統領と記者の激しいやりとりを見たり聞いたりしています。日本においても、野党の政治家も評論家も特に関係なく、国民の代表として質問して欲しい。

マレーシアの消費税廃止のニュースを、なぜマスコミは大きく取り上げないか。理由は、ただ一つと考える。

テレビ・新聞で大きく取り上げれば、当然関心が深い消費税ですから、国民が知ったら誰でも思うはずです。

「マレーシアでできて何故日本でできないか」と。

マハティールは言っています。「マレーシアの消費税に国民は大きな不満を持っている。最も反対が強かったのは中小企業だ。なぜなら国内産業の50％以上は中小企業の売り上げ、取扱商品サービスであり、中小企業の景気に直結するからだ」と。

これは日本も同様です。

またこうした話を聞けば、消費者である低所得者の主婦は、安倍政権を激しく非難するでしょう。そうなれば、10月の税率上げなどとても混乱して収拾がつかなくなるかもしれない。ここは消費税に一切触れないことにしよう。

情報をシャットアウトすれば、マスコミと政府さえ黙っていれば、消費者は何も知らないまま既定路線どおりうまくいくだろう。

勿論これは私の推察に過ぎないのですが。

マハティールさんが来日してから２０１９年2月時点で、８ヶ月が経ちました。案の定どこにもマレーシアの消費税廃止は話題になっていません。フランスやアメリカ、イギリスの国民と、日本の民度がそんなに違うのだろうか。テレビはあいも変わらずお笑い番組と旅行と、美味しい食べ物、スキャンダル……。

ネットに出た庶民の声、少々

A、マレーシア消費税廃止やってやっぱりすごいね。日本も見習って欲しいね。もっと他のお金の回し方をしたら経済が発展するのに。

B、選挙公約だったこともあり、政権発足1週間経たずにえらく即断即決、見習って欲しいものだ。

C、マレーシアは消費税廃止になったのね。日本も消費税8%から5%に引き下げてくれないかなぁ～（届かぬ思い）

私は経済の専門家ではないから理論的説明はできませんが、消費税を廃止すると経済は良くなるのではないかと思います。何故なら学者の声は消費税で不況になるというのですから、その反対をやればいいだけのことです。

誰か優秀なエコノミストが日本の消費税を0%、3%、5%に戻した時の日本経済がどうなるのか、景気、ＧＤＰへの影響をシミュレーションする価値があると思います。

第8章　消費増税は不況を招く

消費増税はデフレ要因

消費税ほど、政争の道具となり、国論を分断して苦闘が繰り返されてきたテーマはありません。消費税は、「資本主義最後の税金」といわれるように、究極の大衆課税です。人間は生きるために、常に物やサービスを消費します。この消費に税をかける消費税は、いわば人間の生存それ自体が課税の対象となり、その収奪から絶対に逃れることのできない足かせなのです。

一方、税を徴収する政府から見れば、消費税は徴税業務のための手間がかからない「タックス・マシーン」（＝自動収税装置）となるのです。

まさに、財政当局にとっては「打ち出の小槌」であり、「金のなる木」なのです。

消費税の引き上げはデフレ要因であり、とくに消費税が３％、さらに２％と段階的に大幅アップすると、経済に深刻なダメージを与えます。

アベノミクスと称する安倍政権の経済政策は、基本的にデフレ不況の診断を誤り、「的外れの金融緩和」によるインフレ政策を強行しているのです。そもそも日銀によるマネタリーベースの供給不足を、日本経済の「失われた20年」の原因と判断している点が、見当違いなのです。

今日の不況の原因を上げれば、正規雇用労働者の非正規雇用への大規模な切り替えと、連続的な賃金水準の切り下げによる消費購買力の低下、さらに１９８０年代以降、輸出依存型の日本経済の成長を支えてきた輸出関連の大企業が、海外での生産化と国際的下請け生産にシフトしたことによる雇用の海外流出に起因している、というのが私の考え方です。

これまで日本では賃金が下がり続け、国内需要が冷え込む中で、円高による国内産業の空洞化が雇用機会の減少を招き、消費購買力の低下による悪循環が生じ、厳しいデフレ不況に陥ってきたのです。

デフレ下では、物価の下落の数倍をも上回る速度で国民の賃金や所得が縮小します。１９９７年度の自民党・橋本政権による消費増税（3％→5％）で物価は上がりましたが、翌98年度以降は物価下落以上に賃金下落の基調が定着してしまい、デフレ不況が慢性化してしまいました。あの時の二の舞を避けなければなりません。

景気が回復したかのような報道が目立ちましたが、それが一般国民レベルの給料の上昇には反映されてはいません。しかし、消費税増税によって、消費者物価は上がったのは事実です。

景気回復が軌道に乗っていない今のタイミングで消費税率を引き上げ、物やサービスの値段が上がれば一般の国民は買い控えをし、内需は縮小してしまいます。

もともと消費飽和で人々は慌てて物を買わない時代ですから、企業は価格の値下げ競争になります。

売価の総額を下げても消費税率は下げられませんから、いきおい本体価格を削ることになります。その結果、販売価格が下落し、売り上げは落ちてしまいます。

そうなれば、企業は当然ながらコストダウンに向かわなければならなくなり、人件費もターゲットになります。結果的に賃金が上がらないで、さらにモノが売れないという悪循環が加速してしまい、経済は冷え込んで萎縮してしまいます。デフレに逆戻りする危険があるのです。

日銀の試算によれば、３％の消費税率アップは、消費者物価を２％押し上げるそうです。これに日銀のインフレ目標２％を加えると合計で４％物価が上がることになります。しかし、４％もの物価値上げ分を補填する賃上げは、雇用需要が切迫でもしない限り、望みは薄いことでしょう。多くの一般家計では消費を切り詰めなければならなくなります。

消費税の強行によって、増税不況が襲来することを私は恐れています。

消費税は大企業法人税減税の財源となっている

『貧困大国アメリカ』を書いた著名な国際ジャーナリスト堤未果氏の新著『日本が売られる』（幻冬社）の中にこんな凄い記事がある。――日本では消費者の収入にかかわらず3%から5%、8%と消費税が上げていながら、毎回国民に向かって「社会保障に全額使います」などと約束を破り続けている――というのです。

実はこの間上げ続けてきた消費税と法人税減税分が相殺され社会保障に回る分などちっとも残っていない。というわけです。

消費税に詳しい元静岡大学教授の湖東京至税理士は、法人税を消費税導入前の税率に戻し大企業が収入に応じた税率通り負担すれば、国税、地方税合わせて30兆円を超え消費税がなくとも財源が確保できると述べています。

消費税を廃止すれば中小企業の景気が回復し、法人税や個人の所得税からの税収も伸びるのに、今の日本では医療も介護も教育も国民の自己負担だけが上る一方なのです。

２０１９年10月から消費税は10%になる予定ですが、日本政府のこのやり方は世界的に見てもかなりの低所得者切り捨てであることが分かるでしょう。

マレーシアの消費税は中小企業を圧迫し、国民の消費行動を鈍らせるとして猛烈な批判を受けました。

消費税廃止を掲げた野党連合のマハティール党首は、アジア通貨危機が起きた１９９７年に、融資を引き換えにＩＭＦが要求する緊縮財政や国内インフラ民営化、金利上げなどの新自由主義政策をきっぱりと拒否したマハティール氏の個人人気が92才という世界最高齢の首相を誕生させたのです。

中小企業の7割は赤字経営

政府は、アベノミクス効果によって、実質経済成長率が、前期比年率3・8％（２０１３年1月〜3月期）に回復したと吹聴しています。4〜6月期では2・6％。しかし、中小企業は、このような経済指数とは全く無縁で、景況は依然として低迷を続けて、深刻化の度合いを深めています。

その実態は、財務省「法人企業統計」からも読み取れます。

２０１３年4月から6月期の中小企業の経常利益は、前年同月比で12・5％減です。一方で、同期の大企業は、49・7％増と明暗を分けています。アベノミクスは、大企業と中小企業の収益格差をますます拡大させていることがわかります。

国税庁の調査によれば、全国約２５０万社の中小企業（資本金1億円以下）のうち、黒字で法人税を払っているのは３割にも満たない約70万社にとどまります。残りの約１８０万社は赤字経営なのです。

中小企業は、全国各地において、地域経済の基盤を形成し、圧倒的に多くの国民に雇用の機会を提供し、国民の生活の原資を供給しています。ほとんどの国民が、その地域において中小企業の経営活動を舞台として、中小企業を頼りに生活を営んでいます。

ところが、アベノミクスは大企業の活性化への期待にシフトし、税制をはじめとして大企業を優遇する諸政策に傾斜しています。中小企業には、さっぱり光を当てようとはしません。

経団連は、２０１３年10月23日、政権与党の活動が経済活動の要望に沿っているかを検証する「政策評価について」を発表していますが、アベノミクスを高く評価しており、安倍内閣を強く支持する態度を明確にし、「経団連が主張する政策を積極的に推進しており、高く評価できる」と総評しています。

大企業との交易格差

中小企業は、円安にともなう原材料コストの上昇をまともに受けて、これを販売価格に十分転嫁できないのが実情です。

輸出比率が高い大企業の場合は、為替差益の恩恵もあるので、利益は急上昇しますが、内需依存の中小企業は負担増だけが残ってしまうのです。

これを端的に示すのが、いわゆる「企業の交易格差」です。企業の交易条件とは、販売価格と仕入価格の差のことです。これまで15年ものデフレの間、この交易条件は悪化したままでマイナスが続いていました。

短期的には円高局面で改善しましたが、2012年12月に第二次安倍政権が誕生すると、中小企業の交易条件は円安局面に転じて急速に悪化してきています。大企業の交易条件が改善したのとは対象的です。

金融庁の金融検査マニュアルで「要注意先」（要管理先）の中小企業は、2013年3月末で約40万社もあり、銀行にとって不良債権扱いとなる債務は約37兆円にものぼります。

これらの債務は、2008年9月のリーマンショック後に施行された「中小企業金融円滑法」で返済負担が軽減されてきました。同法が2013年3月末で終了した後、金融庁は手続き操作で銀行が破綻処理しないように押しとどめている状態です。

しかし、今後、消費増税の実施でデフレ圧力が高まると、問題企業の先行きは行き詰まり、銀行も債権を持ちきれなくなります。

そこで、最終的な破綻処理となるわけですが、銀行は信用保証協会に持ち込んで「代位弁済」を求めます。保証協会は保険をかけている日本政策金融公庫に弁済額の7割から9割の支払いを要求します。

そのようになると、平成バブル崩壊時のような信用不安にはなりませんが、財務省系列の政策金融公庫が打撃を受け、やがてそのツケは、国庫を経由して、最終的には納税者に回ってくることになるのです。

国内需要が増えない限り

中小企業が、2014年の消費税の3%増税、2019年に8%から10%へとさらに2%増税されて、果たしてどうなるかが大問題です。

外需（輸出）が増大すると、大企業に生産誘発効果が大きく表れます。それに対して内需（民間消費）は中小企業に大きな収益をもたらします。

消費税増税後、民間消費が萎縮して頭打ちになると、輸出主導の色彩が強まります。すると、大企業と中小企業の収益格差がますます広がる可能性があります。

安倍首相は、消費税増税に伴って、8兆1000億円と予想される家計への負担増とデフレの高まりを懸念して、5兆円規模の経済政策を打ち出しました。

しかし、中小企業は、輸出主導の大企業とは違って、消費税増税後の消費需要減退の直撃を受けます。中小企業は価格交渉力が極めて弱く、収益はさらに低下する危険が大きいことが危惧されます。

そのうえ、消費増税の直撃を受けて、中小企業の経営が深刻化することは避けられません。値上げで売り上げが減るのを心配して、増税分を商品価格に上乗せする「価格転嫁」に踏み切れない中小企業が多いからです。

国民の全雇用の3分の2を占める中小企業の経営環境は悪化し、政府がやろうとしているように、先端技術を導入したり、給与の総支給額の増額ができるほど生易しいものではありません。

消費税増税は、大多数の庶民と、中小企業従事者が被害者です。大企業は、取引の相手方との交渉においては優位であり、そのうえ政府から多くの政策的恩恵に浴しているので、消費税増税の影響はそう多くはありません。

　このままでは人手不足と相まって、中小企業の経営が深刻化し倒産・廃業はますます増え、地方経済の縮小がはっきりするでしょう。

第9章　税金を払わない巨大企業

日本の危機として、ＧＤＰのゼロ成長問題、少子化による日本の人口減少からくる諸問題、それをもたらした低所得者層の増大問題などを取り上げてきました。合わせてその対策を実現するには財源問題を解決しなければならないと述べてきました。

そして財源確保には、巨大企業に対する税制改革が必要とも述べてきました。

そこでこの章では、巨大企業の税はどうなっているのかを取り上げます。

大企業は合法的に税金から逃れている

法定法人税率が同じなのになぜ大企業が納める法人税率は、中堅、中小企業に比べ極端に低い税率となっています。

平成29年、法人税率の改正がありそれまでの25・5％の法人税は20％になりましたが、ここでは平成26年9月（２０１４年）元大蔵省の徴税官であり中央大学名誉教授・富岡幸雄先生が文藝春秋から出版した『税金を払わない巨大企業』（文春新書）から一部引用して紹介させていただきます。

読んでみると驚くべき内容が書かれているにも拘わらず、なぜか大きな反響もなくマスコミもほとんど話題として取り上げていません。

当時富岡教授は、私中村功の主宰する経営者漁火会の顧問として、税金に関するさまざまな問題を機関誌に書いていただきましたが、公平公正なる税制の実現にかける先生の並々ならぬ熱意には敬服するばかりでした。

この『税金を払わない巨大企業』に対しては、大企業が妨害したという話も聞いていないので、これは日本人一般社会の民度の低さを示唆していると、自分自身を含め痛感しました。

富岡教授の言わんとするところは、政財界で決めた法令により、国家の収入になるべき巨大な金額が合法的に納税を逃れ、それが財政赤字の一大要因と大企業の利益増加の要因になっている。

私に言わせれば、大企業は合法的に税金として払うべきものを、国から奪っていると言いたいところです。

まず、次ページの表11‐0を見てください。

表 11-0　資本金階級別法人税平均実行負担率（2012 年分）

資本金階級別区分	申告所得金額（百万円）	推定企業利益相当額（百万円）	外国税額を除く負担率		外国税額を含む負担率	
			法人税相当額（α）（百万円）	法人税平均実効負担率（%）	法人税相当額（β）（百万円）	法人税平均実効負担率（%）
1,000 万円以下	5,074,878	5,514,267	1,111,506	20.15	1,112,502	20.17
5,000 万円以下	4,413,957	4,742,133	1,089,445	22.97	1,091,706	23.02
1 億円以下	2,934,596	3,162,636	741,889	23.45	747,179	23.62
5 億円以下	3,215,947	3,398,693	859,707	25.29	864,827	25.44
10 億円以下	1,302,659	1,435,122	331,735	23.11	333,376	23.22
100 億円以下	5,911,370	6,747,343	1,237,794	18.34	1,311,326	19.43
100 億円超	17,910,151	25,942,944	2,511,071	9.67	2,995,497	11.54
合　計	40,763,558	50,943,138	7,883,147	15.47	8,456,413	16.59

注 1）　企業規模は便宜上、資本金の大きさにより区分。
注 2）　法定税率は 2012 年 4 月 1 日から 2015 年 3 月 31 日までの間に開始する事業年度は、30% から 25.5% に引き下げられた。資本金 1 億円以下の法人には中小企業の軽減税率（年所得 800 万円以下の部分 15%）が適用される。
注 3）　法人税平均実効負担率は以下より算出。

$$\text{法人税平均実効負担率} = \frac{\text{法人税相当額（国税のみ）}}{\text{推定企業利益相当額}}$$

注 4）　% の小数 2 位未満を切り捨てている。
出典：国税庁「会社標本調査」（2012 年度分）および 2014 年 2 月内閣が国会に提出した「租税特別措置の適用実態調査の結果に関する報告書」（2012 年度分）を基に分析整理して作図

（富岡幸雄著『税金を払わない巨大企業』文春新書）

巨大企業の負担は法定税率の半分以下

資本金1億円以下の中小企業には中小企業軽減税率が適用されるので、法定税率（当時の）25・5％より低い20・15％〜23・45％（外国税額を除く負担率）になっているのは当然として、中小企業と大企業の境界線にある資本金1億〜5億円の中堅企業が法定税率とほぼ同じ25・29％となっており、法人税負担率が最も高いのがわかります。

ところが資本金100億円を超える大企業の実際に納税している税率は何と9・67％と法定税率の40％しか払っていないのはどうしてでしょう。不公平税制なんていうものではない。デタラメ以外の何物でもない。

最大の要因はのちに触れますが「受取配当金の益金不算入」という法律？　いや、法令というものを政府が財界の要請によって「制度」として作り事実上の納税？節税を認めているからです。

その金額は推定でも年間4兆円から6兆円になります。それ以外にもいろいろな名目をつけた政府の補助金、政策減税も1兆円近い金額になると言われています。

平成31年元旦の政府の経済の見通しが、いざなみ景気を超える6年以上の好景気などいい加減なことを言っています——大企業に関してはそうかも知れない。では、過去5年間の資本金10億円以上の大企業の売上と利益はどうであったでしょうか。

売上は5年間で1・4％、ほとんど伸びていないのに利益は毎年伸び続け、5年間で33％伸び、配当金は62％も伸びています。

それにも拘わらず税金は法定の40％しか払っていないというのが実態です。

これは、政府の財政収入からの搾取と、非正規労働者の低賃金の犠牲が大企業の過去最高の利益を上げているのは間違い無いでしょう。

これまでの統計で大企業が中小企業、中堅企業の支払っている法定税率の1／2又は1／3の税率しか払っていないことを図表で説明しましたがその中でも特に税率の低い大企業の個々の例を見ると、これまた驚くべき数字が出てくる。

次の図11に法定税率に比べ極端に低い税金しか払っていない上位ワースト10を見ると、1位のみずほＦＧは1兆２０００億円の利益に対してわずか2億２０００万円しか払っていません。規定通りの税率25％で計算すると本来は３３００億円を払うべきなのです。

表 11　巨大企業の実行税負担率

２００８年～２０１２年３月期　５期通算で実効税率の低い大企業

企業名	税引前利益（百万円）	支払法人税（百万円）	税率
1、みずほFG	1兆221,855	2億2500万円	0.02%
2、東京海上HD	332,091	15億1500万円	0.46%
3、みずほ銀行	469,327	24億3100万円	0.52%
4、三井住友FG	604,683	80億2300万円	1.33%
5、三菱東京FG	1兆418,603	197億3500万円	1.39%
6、三井住友銀行	2兆270,821	1718億6500万円	7.57%
7、みずほコーポレート銀行	707,305	742億1100万円	10.49%
8、三菱UFJ銀行	2兆365.902	29億9981万円	12.68%
9、三井不動産	314,813	4億5380万円	14.41%
１０、小松製作所	308,895	5億4169万円	17.54%

以下１１位丸紅、１２位三菱電機、１３位住友金属鉱山、１４位三菱地所、１５位住友商事、１６位ブリジストン、１７位ＮＴＴドコモ、１８位日産自動車、１９位本田技研、２０位デンソー

※FGはフィナンシャルグループ、HDはホールディングス、持ち株会社の意味。
大企業が持ち株会社化したのは配当課税をゼロにするために作ったと考えられる。特に受取配当金の多い３大銀行は全て持ち株会社を新しく作っている。

（富岡幸雄著『税金を払わない巨大企業』文春新書）

巨大企業の驚くべき実行税負担率

大企業の税金がこんなに極端に低い（支払うべき税率34％に対して0・02％〜17％）、最大の要因は巨額な子会社または関係会社から受取る配当金が事実上ゼロ、すなわち受取配当金益金不算入という制度により無税となっているからです。

では「受取配当金益金不算入制度」とはどのような法令の元に行われているのでしょうか。企業が国内にある他社の株式を保有している場合に、その受取配当金を課税損益に算入しないでもいいという制度です。

その受取配当金益金不算入の割合は、子会社や関係会社の株式等に関わる配当については100％の「法人間配当無税」が認められています。また、子会社や関連会社以外の株式についても、益金50％が益金不算入となっています。

近年日本企業の海外進出や企業買収（M&A）、証券投資も急激に増えアベノミクスによる大金融緩和による銀行、企業の資金余剰により海外子会社からの巨額配当金についても海外からの配当金が急激に増えました。

そのため2009年の法令で「外国子会社配当金益金不算入制度」なるものを急遽作り、一定の要件を満たすという、いかにも条件付きのように書いているが受取配当金の95％を益金参入しなくてもいいと定められています。

2017年度のその金額は、推定で国内配当金18兆円、海外配当金14兆円、合計32兆円前後となります。これが税金ゼロなのです。

EU諸国の法人配当減税は平均して30％であり、日本の新しい法人税を適用しても20％課税とすれば国の税収は一挙に年間6兆円から9兆円増えることとなります。

アベノミクス効果で収益改善しても

そもそも税金は、個人であれ企業であれ収入があれば一定の税率が課されるのは当たり前のことで、なぜ大企業だけを特別扱いせねばならないのか、その理由はない。

少なくとも1960年代まではそういう法令はなかったし、まして海外配当金無税法令は２００９年にできたものです。私達一般国民がアホなのか、マスコミがなぜ取り上げないのか、法令ですから当然自民党税制調査会で提案、国会でも議案審議したでしょうが、野党も何も言わなかったのでしょうか。

毎年何兆円という未来国庫に入るべき税金を、政府と財務省で誰も気づかないまま財界の要望を国会で通してしまったのです。

それでなくとも貧乏な財政赤字で苦しんでいる筈の政府は、何の見返りがあり大企業に特別待遇を与えるのだろうか。

私は友人である中小企業の経営者にこの話をし、最後にまるで水戸黄門だな、として「越後屋お前もワルだな」、「いえいえお代官様ほどでは……」という話をします。

ヤミからヤミへ、そして政府は財政再建のため必要だといって国民から税金を取り上げる。一方中小企業、中堅企業の経営者はこういうことも知らないから律儀に法定税率通りの税金を払い、従業員の給与もなかなか上げられず、人手不足に悩んで、雇用倒産、廃業も続出している。世の中間違っていると思うのは私だけでしょうか。

第二次安倍政権になってからわずか半年後の２０１３年5月、株価は5年4ヶ月ぶりに1万５０００円の大台を回復しましました。野田前首相が衆議院解散を表明した２０１２

年11月14日から、日経平均株価は74％も上昇したことになります。

ところで、このごく少数の富裕層は、こういった株式投資での利益について、どれくらいの税金を国に納めているのかと疑問に思われた方はいないでしょうか。図20ご覧ください。これは、日本の納税者の所得税負担率を所得金額の階層別に表したグラフです。よく見ると、日本の所得税制には、看過できない重大な不公平があることを示しています。

図20　申告納税者の所得税負担率

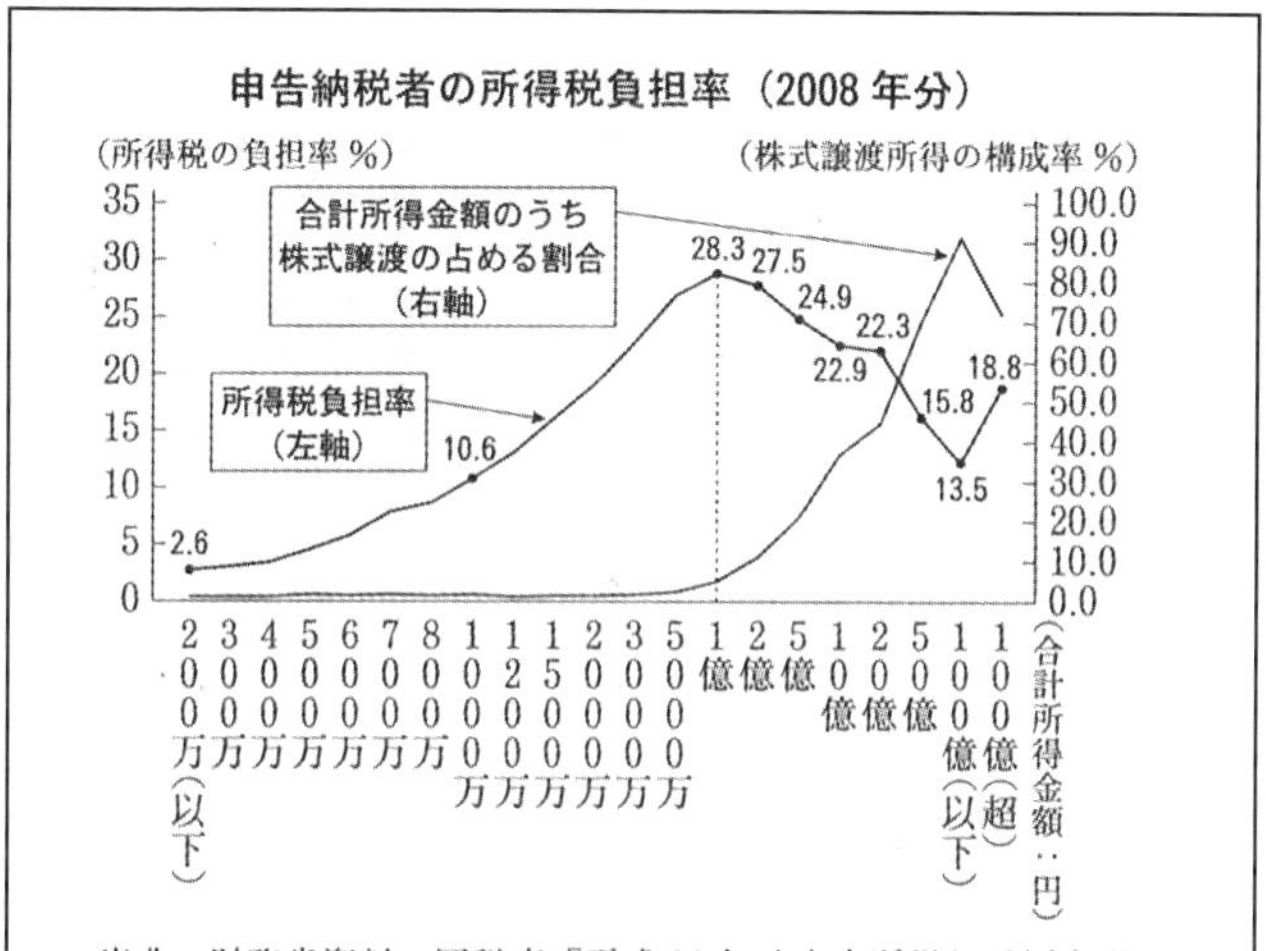

出典：財務省資料・国税庁「平成20年分申告所得課税標本調査結果」より作成

（富岡幸雄著『税金を払わない巨大企業』文春新書）

世界一安い日本の富裕層の税金（累進課税の強化を）

このグラフを見ると、日本の所得税負担率は、合計所得が２００万円で2・6％、１０００万円で10・6％と、しだいに上昇し、1億円の段階での28・3％がピークになっています。

しかし、そこからさらに2億円、5億円、10億円と合計所得金額が高くなるに従って所得税負担率は逆に下降するようになり、１００億円になると、実に13・5％まで低下しているのです。この税率は、年収1千数百万円のレベルと変わりはありません。

「税率が低くても、納税額が大きいからいいじゃないか」と思われる方もいるかもしれませんが、この税率は、税法上の大きな矛盾を意味しているのです。

日本の所得税制は、所得金額が大きくなるに従って、しだいに税率が高くなる累進課税率を採用しています。本来なら、このグラフは所得金額の増額に伴って右肩上がりにならなくてはなりません。

ところが、合計所得金額が1億円を超えると、所得税の負担率は「逆進的」なものに変わることを示しています。

年間の所得金額が100億円というのは、一般の市民の感覚からすれば、およそ想像を絶する金額でしょう。しかし、現実に、そのような高額所得者が日本にも存在します。

その多くは、株式の売却による譲渡所得や株式の配当所得。このような超富裕層の人たちの所得に対してだけは、現在の日本税制は特別に税金を安くしているのです。

受取配当金を課税対象外に

証券税制では、これまで低迷する株式市場を活性化するためとして、上場株式の譲渡所得（キャピタル・ゲイン）に対しては申告分離課税とし、しかも本則は20％（所得税15％、個人住民税5％）であるものを、その半分の10％（所得税7％、個人住民税3％）の軽減税率を2013年12月31日まで適用してきました。

所得税は、個人の担税力（税の支払い能力）を指標として課税する税制なのですから総合課税が建前であり、分離課税は例外措置です。

このような株式の譲渡所得に異常な不公平税制は、国際的に見ても極端で、不労所得に属するキャピタル・ゲインに対しては、世界一といっていいくらい安い税金に抑えていました。

この制度は、「株価対策のため」と説明されてきましたが、その効果は全くありませんでした。しかも、この特別措置は時限立法でありながら、証券業界の圧力や政治家と政党が何かと理屈をつけて、驚くべきことに、これまで3回も適用期間を延長してきたのです。

なぜ、このような低い税率が生じるのでしょうか。

それには、こんな理由があります。

所得金額が1億円までは、総合課税における給与所得の割合が高いので、それほど税率は安くなりません。ところが、5億円、10億円の所得となると、勤労による所得の割合は低くなり、上場株式の譲渡益や配当などによる所得で構成されるケースが多くなります。

そうなると分離課税の対象となる所得（2013年末までは税率は10％）が多くなるので、合計所得は多額でも、負担率は下がるのです。

合計所得金額のうち株式譲渡の占める割合は、図20の右の縦軸でもわかるように、合計所得金額が1億円あたりから順次上昇し、5億円になると20％、10億円になると35％、50億円になると70％、100億円になると実に90％を占めていることが明らかです。

そして、2014年からは、上場株式の譲渡所得の税率は、本則の20％に戻りました。税率は、それまでの倍になりましたが、申告分離課税方式は採用されているので、株式の譲渡所得に対する不公平税制の構図は、依然として残されたままです。

所得税の累進度を高めて財源調達機能を回復する

国民の声として、富裕層への優遇税制の廃止と税制改革が急がれます。所得税の最高税率はもともと75％でしたが、１９８４年に70％、87年に60％、消費税が導入された89年に50％、そして99年には37％まで引き下げられました。

富裕層を対象とする減税が続けられてきたのである。他方では、逆進性の強い消費税の導入と税率の引き上げ、低所得者の住民税率の引き上げ、同じく高所得者の住民税率の引き下げなどが行なわれてきたから、税の累進性は大きく損なわれました。

第二次安倍政権による税制改正では、現行の税率構造に加えて、課税所得４０００万円超の部分について45％の税率が新たに設けられました。しかし、この税率が当てはまるのは、所得税納税者４８５０万人の０・１％未満の富裕層にすぎません。

日本の所得税性の流れを見ていくと、最高税率は次第に下げられ、資産性所得も申告分離課税の形で低率に抑えられています。日本の現在の所得税性は空洞化し、応能負担原理による所得再分配機能を喪失し、もはや崩壊は目前の状態です。

経済のグローバル化は、民主主義であるべき社会に大きな格差をあらたに生み出してしまいました。世界的な民主化運動の要求のひとつに、格差是正があります。

税制でも同じことが言えます。税は、負担できる人がより多く負担するという税制の基本に立ち返り、所得税の累進度を高めて、財源調達機能を回復しなければなりません。

第10章　配当金益金不算入と内部留保税に関する考察

税金の原則

①本来税金は法人であれ、個人であれ一定の所得に対し決められた税率を課し国家に納税し、国家運営の原資とするものです。
但し近代の税制には国家事業に税を使うのとは別に「富の再配分」の一面があります。即ち資本主義、または自由主義は政治的制約がないと強い者はますます強くなり、貧乏人は増々貧乏になるという弱肉強食が起きます。この現象を少なくするのが政治の最大の役割であるはずです。

今の税制は富岡教授の著書にあるように真逆の現象であり、その元凶の一つが配当金益金不算入であり第2は経済界の「新しい時代の日本的経営」であります。

②企業の配当金は各企業の収益であり、税金の原則から言って当然通常の収益と計算し法人税企業は納税するのが当然です。

③配当金益金不算入制度はいつから、どういう経緯で決定されたか、少なくとも戦後

高度成長期を通じてそういう制度はありませんでした。国内配当金不算入制度は１９６０年代財界の要望を受け入れ自民党税制調査会で国会に提出されました。消費税導入の時のように当時のマスコミ、経済学者が反論したという形跡はなく、まして一般国民は何も知らない間に決まってしまったのです。

④外国子会社からの配当金益金の不算入制度も同じです。２００９年の国会で何の抵抗もなくすんなり通ってしまいました。

アベノミクスのお陰で大企業の経済利益は急増し、莫大な額となっているが、これらが普通に納税され続けておれば国家財政の赤字は激減されていた筈です。

大企業は合法的に政府から毎年10兆円単位の金を奪っていると言っても過言ではありません。先進各国の税制をみてもＥＵ各国も当然ですが、配当課税はきちんと払っています。

直ちに廃止すべきである。

そのためには多くの国民にこの事実を知らさなければなりません。財界はじめ政府・自民党、野党の議員がやるわけがありません。私は政治家に絶望していますが……。

知性と勇気のある若い政治家が出ることをかすかに期待します。

企業の内部留保について

法人企業統計による「内部留保」とは、企業の利益から従業員の給与、その他の経費等を差し引いた経済利益から株主への配当金を差し引いた「利益剰余金」を指し、必ずしも現金、預金だけでなくその他の資産としても活用しています。

その総額は２０１２年で３４２兆円でした。それがアベノミクス実施以来４年で急増し、２０１６年度は４７０兆円になり、内訳を見ると資本金10億円以上の企業が２４５兆円で内部留保額の53％を占めています。

また個別に多い順に見ると２０１５年度の資料では1位トヨタ自動車（16・８兆円）、２位三菱ＵＦＪグループ（8・6兆円）、3位ホンダ（6・2兆円）、4位ＮＴＴグループ（4・5兆円）、5位三井住友グループ（4・5兆円）、以下6位ＮＴＴドコモ、7位日産自動車、8位日本郵政、9位キヤノン、10位三菱商事となっています。

内部留保の使い道の一例として、大企業の有価証券の推移を見ると、１９９８年度は80・９兆円なのが、２００５年頃には１５０兆円に拡大し、２０１３年度には222・5兆円に増え、２０１７年には３３５兆円にまで積み上がっています。

内部留保税がなぜ必要か―ＥＵ諸国のようにお金を回す

1、経済は使うことも大事

筆者の中学生時代国語の教科書の記憶で、何年生の頃かはよく覚えていませんがこんな話が書かれていて、先生が大切なことだと強調したことを覚えています。

平安時代の京都での話です。ある偉い官員が夜道でお金を小さな川（今でも京都の街中にある川の小石まで見える綺麗な川）にお金を10両ほど落としました。人足頭に声を掛け松明《たいまつ》を持って探して回収するように頼み、人夫達にはその10両全てをやるよと言いました。

人夫頭は「官員さんはバカだね、10両取り戻すのに10両使ったら何にもならんではないか」と言った時、その偉い官員さんが言いました。「それは違うよ、お金はそのまま捨ててしまえば世の中に役に立たない。その探したお金をお前達にやれば、各々みんなが喜び買い物をする。その買い物をしたお店の人が、また次の人に買い物をして支払う。お金をお足と言うようにお金は使わねばならない。お金が世の中を回ることにより世の役にも立つんだよ」

後述するようにEU諸国が歴史的に留保税を続けている理由がよく分かりました。日本の大企業が努力して利益がどんどん増えることは国全体として喜ばしいことであり、日本経済の稼ぎ頭の大企業が最近の歴史以来の内部利益が増えているのは皮肉でなくまさしく御同慶の至りです。

しかしお金を溜め込むばかりで使わないのは宝の持ち腐れ「猫に小判」ではないですか。例え話のようになりますが、大企業の内部留保税の使い方を書いてみます。

政府が何らかの形で低収入の労働者なり零細企業に仮に、1ヶ月10万円多く支給すると、その労働者はそのお金をすぐ使ってしまいます。まさか貯金する？　そんな余裕はありません。

スーパーで食品を買うか家族と外食するか、国内の小旅行をするか、いづれにしても1ヶ月中にすべて使うでしょう。

諸々の消費をしたお金の50％は中小企業であり、半分は大企業の商品になりますがいずれも仕入れ代金、原料代金、賃金としてやはり1ヶ月～2ヶ月以内で使うでしょう。

こうして10万円のお金は年に2回転も、場合によっては3回転もします。

例えば日本を代表する大企業トヨタに入った内部留保金は、ほとんど使いません。死に金、少なくともＧＤＰに貢献しないのです。10万円を20兆円と仮定すれば我が国の消費を20兆円から40兆円増加させる高い可能性があるのです。

　現在のＧＤＰ、５６０兆円を一挙に４％増やしその波及効果は政府の税収増加にもつながり、やっとＧＤＰが先進国並みの成長率を示し、初めて一般庶民の中でも好景気の恩恵が及ぶことでしょう。

図 21　大企業の内部留保額と民間平均賃金の推移

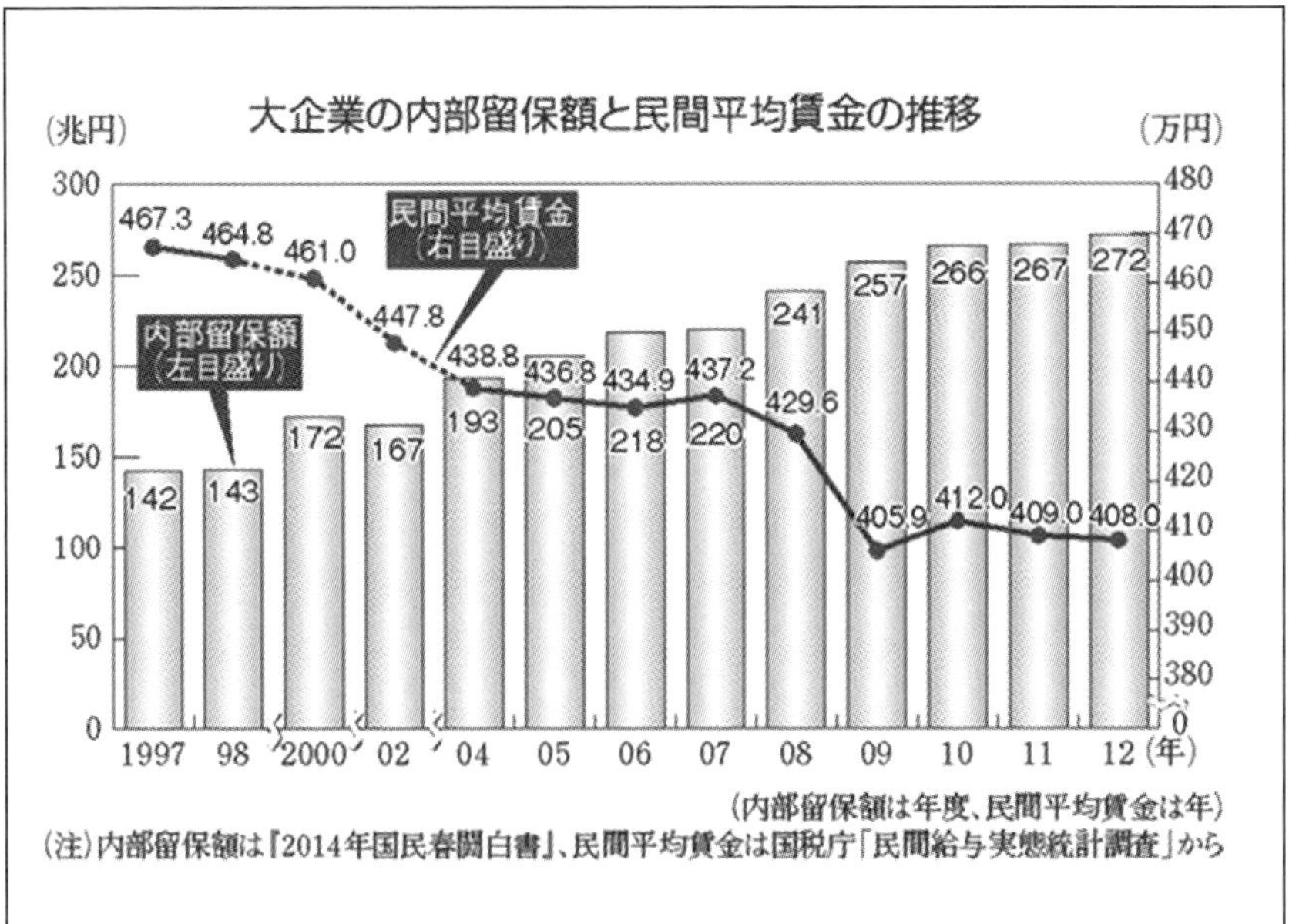

ヤフーブログ（しんぶん赤旗）

内部留保税についての考察

資本主義のひと口歴史

私は少子化対策と国の財政再建のための財源として、大企業の積み上がった内部留保金にEU諸国と同じように内部留保課税制度を新しく作ることを提案します。

その理由の第一は、成熟した資本主義社会の政治の要諦は二つであり、その一つは外交、軍事、もう一つは富の再配分にあります。

19世紀の資本主義は誠に荒々しく、制限のない自由競争のもとの資本主義は「弱肉強食」強いものが弱い者の肉を食うというジャングルの掟がまかり通り、イギリスで始まった産業革命による資本主義は炭鉱で14歳〜15歳の少年が12時間〜14時間労働を当たり前のように平然と行われ、わが国でも女工哀史にあるような若い女性労働者の低賃金、長時間労働の悲劇がありました。

これがイギリスで労働組合の結成へと繋がり、更に政治の世界にそれまでの保守2大政党以外の新しい労働党（マクドナルドが党首）が生まれ、ついに政権を奪うまでになり、今日に至っています。

更にドイツ人マルクスがイギリスで資本論を発表、１９１７年の第一次世界大戦を機にロシアのレーニンが共産党革命政権を樹立、マルクス・レーニン主義が世界に拡がります。１９２９年ニューヨークの株式大暴落に始まる世界恐慌は資本主義の危機であり、第二次世界大戦の後、資本主義は共産主義に対抗し新しい資本主義に転換していきます。

それがEU諸国の税制と福祉による弱者対策です。

アメリカと日本はその意味でヨーロッパより一歩も二歩も遅れていましたが、アメリカでは2年前の大統領選挙で民主党候補のサンダース現象が起こり、まさかのトランプ大統領の勝利も、政治から捨てられた中流、下流層の大政党への反乱によるものと私は見ています。

受取配当金課税と内部留保税のアメリカとEU諸国の税法改定の記録

アメリカの法人税改革

〔H・W・ブッシュ政権〕

１９９３年　受取配当金の制限　損金参入額85％↓80％へ　20％の配当金課税

ドイツ・コール政権

1990年　内部留保税　56%→50%

　　　　配当課税　36%据え置き

1994年　内部留保税　50%→45%

　　　　配当課税　36%→30%

ドイツ・シュレーダー政権

1999年　内部留保税　45%→40%

　　　　配当課税　30%据え置き

2001年　内部留保税　40%→25%

　　　　配当課税　30%→25%

フランス・ミッテラン政権

1985年　内部留保税　45%→42%→34%

　　　　配当課税　50%→45%→42%→34%

フランス・シラク政権
1997年　大企業に対する法人付加税の創設するも2000年に廃止

まとめ

1、受取配当金の益金不算入はアメリカの20％をはじめとしEU各国は30％程度
2、内部留保は段階的に下がりEU各国は30％～25％であるが伝統的に法人税として取り扱っており議論の余地はないようだ。

それは企業の内部留保分の一部を税として徴収し、社会に還元し有効に生かしていくのが当然であるという社会全体の合意があるものと考えられます。

日本の企業が言うような、利益の二重取りではなく、リンダ・グラットン教授のいう富の再配分政策です。(次ページの新聞記事参照)

安倍晋三政権の看板政策「人づくり革命」を検討する「人生100年時代構想会議」（議長・安倍首相）の有識者議員で、英ロンドンビジネススクールのリンダ・グラットン教授＝写真（宮川浩和撮影）＝が11日、産経新聞のインタビューに応じ、超長寿社会に対応するため、政府は富の再分配政策を適切に進めるべきだとの考えを示した。個人が柔軟に生き方を選べるよう、起業や雇用の流動化を後押しする仕組み作りも求めた。

人生100年時代構想会議 有識者議員

リンダ・グラットン教授

超長寿化に備え富の再分配策を

グラットン氏は「われわれは長い年数を健康に生きられるようになった」とし、今後は伝統的な「教育」「仕事」「引退」という人生の3ステージを、年齢に関係なく自由に選ぶ複線型の生き方になると指摘。世界一の長寿国である日本は「（超長寿社会が抱える課題を）最初に経験する。どう対応するか、世界が注目している」と述べ、構想会議での議論に期待感を示した。

その上で、こうした状況を支えるため「政府ができる唯一のことは、財政政策を変えることだ」と強調。「個人の人生全てにわたって政府は富の再分配を進めていく必要がある」とした。

柔軟に人生のステージを変えるために必要なのは「起業家になれるチャンスがあることだ」とし、起業に向けた支援制度の拡充を求めた。

また、優秀な人材が生産性の高い企業や業種へ転職しやすくするために、柔軟な労働市場を作り上げることと、それを進めるための労働政策が必要だ」とも指摘した。

新しい技能や知識を習得する「学び直し」の機会の創出を大学や企業の使命とした。海外より遅れている女性の社会進出の促進策も検討すべきだとした。

焦点となっている高等教育無償化の是非や、財源のあり方については言及を避けた。

『産経新聞』（2017年9月11日付）

第11章　人手不足問題と入管法改正

入管法改正は日本に禍をもたらす

政府は半年間の準備期間で入管法の改正法案を国会で通しましたが、あまりにも軽率と言わざるをえません。外国人労働問題は労働力の緩和だけで済むものではないからです。世界の移民問題を調べてみると、今あの移民国家として長いアメリカでさえ、不法移民対策として米議会で大問題となっているのです。

また、中国人に関して言えば、習近平国家主席になってから、海外にいる中国人は、いざとなったら本国中国政府の命令通りに行動せよ、という法律ができています。もし100万人単位で反日的暴動を起こした場合には、日本政府は制御できるのか、という問題もあります。したがって厳密な移民法をヨーロッパ、アメリカなどの法律を研究し正規な移民法を国会でつくるべきなのです。

その骨子は将来日本国籍を取り、日本国家に忠誠を誓う長期滞在型でなければならない。今の短期滞在型を作り、不法移民もしくは不法滞在は厳重に取り締まり、実行する。すなわち警察力の伴った移民法が必要である。

そういう意味で、アメリカとドイツの実例をここに書きました。

移民で労働力不足を解決できるか

平成30年12月8日未明、移民法（政府が言う「入管法改正案」）が成立した。12月8日は77年前日本海軍がパールハーバーを奇襲攻撃し我が国が、第二次世界大戦に参戦、4年間の苦闘の末米軍に降伏、日本全土が米軍の占領下のもと7年間の支配を受け国家が滅亡したそのスタートの日である。移民法は再び国家を滅ぼすきっかけとなるのか。

当時の連合艦隊司令長官山本五十六の有名な言葉に「1年や1年半は暴れまくってみますが、それから先はよく分からない」と言ったそうだ。今回の決定（法案成立）はそれ以上に拙速である。政府の検討の中身、国民への説明、国民の意向も全くないままである。20年後、40年後の長期展望は見えない。

私はこの法案に、二つの理由で反対です。

1、文化の異なる外国人労働者と我々が共存して大きな混乱もなく生きてゆける保証がない。

2、単純労働者は即日本の低所得者労働者と競合するわけで、職の奪い合いもしくは低価格賃金の競争相手になるわけでそれでなくても低収入に喘いでいる非正規労働者の待遇改善の足かせになる可能性がある。

移民大国、先進国のアメリカの簡単な歴史

そもそもアメリカは1620年イギリス本国で宗教的迫害された清教徒（ピルグリム・ファーザーズ）から始まる。

以後対英独立戦争（1775年）、南北戦争（1861〜65年）を経てほぼ無限の土地と地下資源はヨーロッパの産業革命を受け急激に、かつ大規模な近代工業国家となり、ヨーロッパでの第一次世界大戦に参戦する事により戦後復興の担い手となりイギリスから世界経済の覇権を奪い取ることとなる。

1929年の世界大恐慌はさすがのアメリカも大打撃を受けるが1939年の第二次世界大戦の開始により自由主義国？　の兵器庫となり遂に一時はGDPがアメリカ一国で世界の50％を占め黄金の1960年を迎え現在に至る。

黒人奴隷（人間を略奪して国内でも売買された悲惨な歴史）

いつ頃から始まったかはさておき独立宣言を起草し第3代大統領になったジェファーソンの家庭で60人ぐらいの黒人奴隷がおり、ジェファーソンはそのうちの1人の黒人女性に子供を産ませたということもある。

南北戦争は北部の工業州と南部の農業州との内戦ではあるが、リンカーンの奴隷解放でも有名なように正義の戦いのスローガンにもなっている。

※とにかくアメリカは自分の行動を正当化するに当たり必ず正義を宣伝する。メキシコからテキサス、カリフォルニア他西部諸州を奪い取ったのも、フィリピンを植民地化したのも、ハワイを奪ったのも全て正義という。

ニューヨークの中心街の一画にマンハッタンがあり黒人の街、ハーレムがある。現在でもアメリカ人であれ外国人であれ、夜間はおろか昼間でも1人で歩く人はいないという地区だ。

元々は白人が住んでいたのだがひとたび黒人が住むようになると白人は次から次へと街

を出て行き、白人が誰も住まない麻薬と暴力と不潔な街の代表と呼ばれるようになった。

１９６０年代の大規模黒人暴動で公民権を与えられ、白人並みの権利が保障されたが実態は今でもしばしば警官による黒人射殺事件がニュースになる。強力な政府、軍隊、警察力を持つアメリカだから何とかなっている。

日本の対米戦争の大きな理由の一つとなった絶対的排日移民法

スタインベックの『怒りの葡萄』（１９３２年出版）、この小説は同じアメリカ人（白人）でも既存者は新規移民者を排斥するという動物的本能がモロに出た歴史的な出来事だ。

時は１９２９年の大恐慌があった２～３年後の１９３０年南西部のオクラホマから始まる。当時のオクラホマは当然ながら農業州でありおじいさん達がインディアンと戦いながら勝ち取った中・小規模の農場、牧場を所有していた。

ところが大規模砂嵐が２年、３年と続き農作物、牧草もほとんど取れず土地は大規模地主、都会の資本家に次々と借金のかたとして取られる。立ち退きしないと大型トラクターで踏み潰すのだから荒々しい。

周辺の州を合わせて25万人の農民が今度は幌馬車でなくオンボロトラックに家族、財産を乗せてカリフォルニアを目指す。

カリフォルニアは太陽と水と緑の州で、オレンジ、ブドウ栽培で全アメリカへ移出するという豊かな州であった。着いてみると話が全く違って失業者で溢れかえっている。

地元の人達は自警団を作り、農場主は移民者25万人の溢れている足元を見透かし作業手間賃を4分の1、1時間5セントまで値切る。泣く泣くそれを受け入れるしかなく、ただ生きるだけが精一杯。主人公はこんな世の中を変えるしかないと街を出てゆく。彼は「政治家か労働運動家になる」という暗示的な言葉で終わっている。

絶対的排日移民法の背景

アメリカの社会ではWASPが上流階級である。ホワイトで尚且つアングロサクソン(英系)でプロテスタントの略。(新教徒即ちカソリックでない)最初はイギリス系でもアイルランドがいじめられ、次にドイツ、フランスの技術を持つ技術エリートが入り、イタリアは最悪の賃金労働者として軽蔑されたが、いずれ時間と共に同化する。

アジア人では支那人が大陸横断鉄道の労働者として使われたが鉄道が完成されると雑役

夫、漁師として生活、その内支那人反移民法が成立しどこかへ行った。

日本人移民は多少違った。勤勉に働き、貯金をし、何より清潔好きでアメリカ社会に溶け込むと見えたが、日本は果樹農家、クリーニング、その他個人事業を始め、しかも成功し、土地も買う、子供もアメリカの学校へ通った。果然アメリカの労働者から排日運動が起こる。

その内土地の所有を認めない。二世、三世の帰化を認めない。学校、集落の嫌がらせが始まる。カナダでも同じことが起こる。


日本政府は外務省、大使をはじめワシントン即ち米政府に排日をやめるように折衝懇願するも、ついに連邦政府で絶対的排日移民法が成立する。

日本の国民は激怒する。自由の女神が象徴するアメリカは大西洋（即ち白人）には適用、アジア人には別行動をとる。自由の女神は白人だけの為にあるのかと。

日本の新聞や親米家の渋沢栄一、新渡戸稲造もアメリカに絶望したと宣言する。戦後、昭和天皇が大戦を回顧し排日移民が開戦の一因であったようなことを仰言っている。

但し、明治の大外交家、日露戦争のポーツマス条約調印の全権でアメリカをよく知る小村寿太郎はこう言っている。

「加州移民問題はとうてい外交の力では解決すべき余地はない。カリフォルニアの排日問題は米国内部の土着的問題で国家間の問題にしにくい。もうひとつは米国人の思想や感情は日本の考えではわからぬ」

以上移民問題は少なくとも前世紀までは、場合によっては戦争になるという微妙、かつ重大な問題である。尚当時の支那では政府は一度も移民を援助していない。

トランプ大統領の移民政策は正しい

アメリカのマスコミは何でもかんでもトランプを非難する。ニューヨークタイムズやワシントンポストなどの新聞紙の特徴は、リベラルである。日本で言えば朝日・毎日というところでしょう。トランプ大統領の言っているのは法に基づき、不法入国移民を排除し送り返す。その通りではないか。

今までのオバマがいい加減、優柔不断だっただけだ。テロの可能性の高いイスラム系の5ヶ国の移民を禁止する。反アメリカ国家を区別するのは予防措置として当然。これぐらい強くないと移民国家は成り立たないのです。

わが国で現在も起こっており、将来拡大する可能性がある問題

2018(平成30)年4月25日「NHKおはよう日本」で放映された「留学生を確保せよ、地方の高校と自治体の試み」では、宮崎県えびの市にある日章学園九州国際高校を取り上げていた。生徒の9割が中国人なのだ。入学式の光景は異様である。

起立した圧倒的多数の中国人留学生が日の丸とともに並べた中国旗に向かって、中国国歌を斉唱している。日本の生徒16人、中国人留学生は167人である。尚この学校は日本を学び大学入試の対策を徹底的に行い、7年連続で進学率100%を実践している。生徒は中国で党、政府の子弟、関係者が多いという。

長野オリンピック時の中国人動員と日本の警察の無力

日本学生支援機構によると2017年5月1日現在の日本への留学生数は、前年比11・6%の26万7000人である。アジア人が24万9000人(93・3%)で中国が10万7260人で全体の40・2%を占める。

欧米の大学では出身国ごとに、受け入れ学生の割合が決められており、留学生の出身国が偏らない仕組みとなっている。

2008年長野オリンピックの聖火リレーが行われた長野善光寺の周辺にも、北京政府の号令一下在東京の中国人留学生が中国大使館からバスに乗って手に巨大な五星紅旗を持ち聖火リレーを取り囲んだ。

チベット出身の中国人がデモを行うという噂に対処したのだ。現在は習近平が国防動員法という法律を作り海外に居住する、有事、平時を問わず北京の命令で大動員をかけることができる異様な国家である。

凶暴化する「千葉の中国人」

『静かなる日本侵略』（ハート出版）著者、佐々木類・産経新聞元ワシントン支局長・論説副委員長から一部引用

いつか平和な日常が暴徒化した中国人らに破壊される日が来る

ヨーロッパでは2007年4月ファッションの街イタリア北部ミラノ市で、駐車違反の切符を切られたことに腹を立てた中国移民の女性が暴れ、これをきっかけに中国人が暴動を起こし、イタリア人警官14人が負傷した。

2016年にはフィレンツェ市衛生局と警察当局の工場への立ち入りに腹を立てた中国人移民300人が暴れた。

コンテ伊首相が「移民問題に目をそらす国から、偽善的な説教を受けるいわれはない」と反論し、フランス・マクロン首相から事実上の謝罪に近い言葉を引き出した。

このように国内外で起きている中国人をめぐる暴動を念頭に置いた上で千葉市美浜区の住民の声を聞いてほしい。

この団地を乗っ取ってやる

これは中国人民が日本人住民に言い放った暴言だ。自治会長・主婦の鈴木孝子さんの言。面談して詳しく聞くと「中国人住民は5階から1階の仲間と大声で話す。夜だろうと朝だろうと時間など御構い無し。子供は上階の窓から小便をする。ゴミ出しや静穏を保つことなど住宅のルールを説明すると逆切れする。共用の庭先で勝手に菜園を作る中国人も少なくない。

美浜県営第二団地は自治会による住民調査の結果、中国人居住者が5割を超えた。市の統計と実態がかけ離れているため、中国人が5割を超えることを示す住民名簿を県に提出したが「中国人は25％しかいない」などと言って、まともに取り合ってくれなかったという。偽装結婚も流行っているという。日本国籍を取った偽の夫は他県に転居し日本語もできなければ海外に住んだこともない元妻だけが残る。

中国人を始め外国人は３ヶ月以上滞在すれば健康保険に加入でき、日本人が受けられるような医療保険を利用し、「ガン」や「心臓手術」などの高額医療を受ける悪質なケースも出始めている。

３月11日、東北大地震の時この地区も激しい揺れでマンホールが噴水のように飛び上がったという。なぜか報道されなかったが大型スーパーのイオンでは中国人による盗みが横行した。コメなどの食料品や生理用品を盗み出していたのだ。

災害の時だけではない。団地の敷地内に駐車してあった車にベビー用品のおむつが窓にへばりつくまでぎゅうぎゅうに詰められていたり、転売目的のおむつで溢れかえっていたのを中国人ヘルパーが目撃したこともあるという。

さらにタチの悪いのが中国本土から呼び寄せられた高齢で無知の中国人だという。言葉の問題で地元に溶け込もうとしないのは仕方がないが自治会のゴミ出しルール等日本語と中国語の両方で書いたチラシ・ポスターを作っても中国語も読み書きできず「読んでいない、聞いていない」の一点張りだ。

鈴木さんが県に指導してもらおうと話し合いを持った時のことだ。逆切れした中国人が右手のこぶしを固めて鈴木さんを威圧したということだ。「中国人男性の右手のこぶしがふるえて私を殴ろうとした。私はどうなってもいいと覚悟を決め、郷に入れば郷に従え、ルールを守るべきだということを言った。」と語ってくれた。

その他首都圏では川口芝園団地のある芝園町の人口は2016年現在、日本人2507人、外国人2568人と比率が逆転した。

ドイツのトルコ人移民の歴史とその政策

ドイツの旧西ドイツ地域に居住する外国人労働者（トルコ人が大多数）は労働力不足解消を目的とした労働募集から始まった。1961年政府はトルコと雇用双務協定を結んで労働者の積極的な受け入れを行なった。それは急激的な経済成長に伴って起こった超完全雇用状態、それにともなう労働力不足を補う目的で彼らがガストアルバイター（お客さん労働者）と呼ばれたことは有名である。

その実態は「ローテーション政策」と呼ばれ外国人労働者の滞在を長くて2、3年にとどめ常に人員を回転させ、毎年必要な人員のみを補ってゆこうというものであった。要はドイツ人労働者が敬遠しがちな熟練を要せず、比較的低賃金の単純労働者という部門に主にして組み込まれていった。

※今回の政府政策と基本的に60年前のドイツと同じではないか。

ドイツの外国人労働者はなぜトルコ人が主力となったか

現在ドイツの外国人労働者の内トルコ人は３００万人から４００万人といわれ、その割合は80％以上となっているが、それは歴史的背景がある。１９１４年～１９１９年の第一次世界大戦の時トルコは、ドイツ・オーストリア同盟軍に同盟軍として参戦し、英・仏・ロシア軍と戦い、そして敗れた。

その結果トルコ帝国は当時の外国支配地のほぼ全てを英・仏に奪われ、あやうく本国トルコそのものが占領亡国の危機に晒される。

その時英雄ケマル・アタテュルクが敗戦トルコ軍の総司令官として祖国戦争に立ち上がり対英戦争に勝利し、同時に国内で革命を起こし国内のイスラム体制を打破、イスラム教を国教から排除、皇帝を追放、日本の明治維新に匹敵する大革命を1人でやってしまった。その改革の中身は恐るべきもので、とても1人の人間業と思えぬものですがここでは詳述しません。

イスラム教圏内で国教をイスラム教としていないのは現在でもトルコ一国のみである。以上の理由でトルコ人は親独であり、ドイツ人も親トルコである。

現在のドイツでのトルコ移民の問題

ドイツの経済成長に伴いトルコ人の労働者及びその家族の長期滞在者の数は増え続け、当初のローテーション政策は事実上解消してしまう。それはトルコ本国から家族を呼び寄せて定住するようになったのである。

これを受けドイツ政府は1978年、彼らをもはやガストアルバイターではなく出身国への帰国を前提としない「移民」であるとする見解が示された。

その理念は「明確な基準によって、安定した滞在身分を持つ外国人を規定し、彼らを社会に受け入れるための社会基盤（教育、住宅など）を整備すること又一定の社会的権利の付与などによって、彼らのドイツ社会の一員として身分を明確化すること」という内容を示唆する理念である。

1990年外国人法改定と新国籍法施行（内容略）

ドイツでは国籍取得（帰化）条件は厳しく二重国籍などあり得ない。いづれにしても当初は安易なローテーション計画で短期労働としても、その労働者が本国で結婚し妻を呼び寄せ、親を、子供を呼び寄せることを止めることは事実上できない。いわゆる外交、人道上世界から強い非難にさらされるからだ。

それでなくともメルケル政権のアラブ人難民受け入れ（100万人）、ドイツ国内で激しい批判に合い、あのメルケルが退陣を表明したほどである。

安倍政権はそれらを考えた上での今回の法案だろうか。野党もマスコミもこのような事実については、ほとんど触れない。

移民問題の結論

労働力政策であるならまず国内の労働人口を増やす政策が王道である。

政府は、少子化は既成の事実であるという前提で論じているが、少なくともフランスは人口減は喰い止め、政府の発表によると30年後は人口増を今の17%にするとしている。
そして少子化対策にもたついているドイツを目標にドイツの人口を追い抜くとしている。
その実行力、気迫、これこそ政治家でありリーダーである。ちなみに

ドイツの人口	２０１０年	８１００万人	２０５０年	７９００万人	（推定）
フランスの人口	２０１０年	６３００万人	２０５０年	７０００万人	〃
日本の人口	２０１０年	１２８００万人	２０５０年	８９００万人	〃
アメリカの人口	２０１０年	３１０００万人	２０５０年	３８９００万人	〃
イギリスの人口	２０１０年	６３００万人	２０５０年	７５００万人	〃

移民法のおわりに

外国人労働力、留学生対策を早急に国民の声を各界からよく聞き、方針を決め、法制化すべきである。

Ⅰ、労働力、留学生受け入れは国籍条項を厳しく制限し、友好国と非友好国に区別すべきである。トランプ大統領及びヨーロッパ各国は正しい。

Ⅱ、中国は非友好国であることを各法で明解にすべきである。

理由

1、中国は、第一仮想敵国はアメリカと日本であることを事ある毎に中国政府は明言している。

2、中国の人民解放軍の軍歌は解放軍の新聞「紅旗」でこう取り上げ歌っている。我が軍旗は東京の空を覆い、砲撃して富士山頂に漢旗（五星紅旗）を立てよ」

3、尖閣列島の排他的水域に中国の公船が執拗に巡回し我が国に威圧をかけ続けている。

２０１８年11月25日安倍総理は久しぶりの日中首脳会談を行なったが成果は何があったか。日本の民間人ビジネスマンがスパイ容疑で中国域内に12名拘留されて久しいが善処？　を依頼したというが、まだ2週間経たないのに1人は懲役5年、もう1名は懲役12年の禁固刑を発表した。尖閣の中国警備船は1ヶ月くらいおとなしくしていたが会談1週間後に連続11日、3〜4隻がこれみよがしに来ている。

10年ぐらい前の尖閣中国漁船の意図的行動と事件で民主党政権は無罪放免にしたお返しが上海をはじめ全土での反日暴動、これに対して謝罪の一言もない。アメリカの貿易戦争で困っている習近平に対し日本政府は通貨スワップの締結と一帯一路への金融協力を約束した。安倍総理はこれだけ足蹴にされ、舐められていてよくも恥ずかしげもなくニコニコ顔で帰国したものだ。日本のマスコミも野党も何も質問しない。怒っている国民の声はどうしたら届くのだろうか。

4、中国資本による日本の土地取得禁止を早く法制化せよ。外交は相互同条件が原則で当り前である。アメリカは外国人の土地取得を認めているから日本もアメリカに対して同じでいい。中国は違う。共産党政権では土地は全て国有地であり、中国人にも個人又は法人の取得は認めていない。使用権のみだ。日本も中国と同じく中国人に対する土地取得禁止は当り前だ。北海道での山林の大量取得は多くの日本人も知って危機を感じているという。

5、さらに靖国参拝にイチャモンをつける内政干渉―今回の安倍訪問時の習近平からの条件が「靖国参拝しないこと」というのは本当だろうか。

6、最後に殆どの日本人が知らない日中記者協定。簡単に言うと日本のマスコミの大半は中国の不利益になることは報道しないという協定だ。産経新聞だけは別。だから嫌がらせが続いている。こんな馬鹿なことが現在も続いていることに国民は大反発すべきだ。私は機会ある毎に言い続ける。マスコミが信頼できない最大の理由だ。マスコミは恥を知れ。

追記：平成30年11月1日〜14日の『産経新聞』移民に関する読者投書抜粋

□人手不足という理由だけでその他の議論がなぜ出ないのか。

□外国人雇用は日本国民の雇用を奪うリスクもある。国防上も拙速に決めてはいけない。

□現実経済、生活視点が欠けている。どう大量の外国人を食べさせ、医療や教育、社会保障の問題を解決するのか、日本人も外国人も共倒れだ。

□移民のための法律だ、財界の一部意見を聞き、国民を無視して推し進めようとしている。外国人がこれ以上入ると国の形が変わる。

□受け入れの前提条件は不法滞在者の強制送還などがあるが、政府は何の対策もとっていない。単純労働者が必要というだけでは中・長期的観点から国益とならず、莫大な負担と国家分裂をもたらす。警察が足を踏み入れられない地域がある国家内国家の芽が生えつつある。

第12章　トピックス

わが国の外交について思うこと

安倍総理は外交方針の基本姿勢を公式に国の内外に発信すべきである。

1、アメリカとの同盟関係は少なくとも今後50年間、強固にするしか選択肢はない。但し今の従米は脱皮してほしい。そのためにも憲法改正と国力強化である。

2、アジアには中国、韓国、北朝鮮以外に多くの親日国がある。中でも12億人のインドはその筆頭であり、3億人をこえるインドネシアもある。

親日国であるベトナム、タイ、フィリピン、大親日国であるミャンマー、バングラデシュ、そして歴史的縁が深いトルコ等々。また国であるか難しいところであるが台湾も忘れてはならない。石油シーレーンの真ん中にあるのだから。

これらの国と同盟に準ずる関係を作る努力が必要だろう。アメリカ、中国に対してそれが日本の外交力を高める鍵となる。

3、中国に対する毅然とした姿勢

何も単独でやる必要はない。親分アメリカと共同歩調を取ればいいだけだ。長年中国寄りだったアメリカ（今までそうとしか取れなかった）は今や国を挙げて共和党も民主党も一体となり中国との対決姿勢をハッキリ打ち出した。

日本は1989年以来30年間の失敗を2度と繰り返さないため、歴史を鏡とし（これは中国の反日の常套文句）冷静、且つ毅然とした行動をし、それを全世界に発信することである。外務省は宣伝が下手すぎる。いや、それ以上に勇気がないからである。

1989年の以来の日中30年の歴史とは

1989年6月4日に起きた天安門事件は、世界を驚かした。民主化要求のデモ、無防備の学生に警察でなく軍隊、人民軍の戦車での発砲、轢き殺した事件である。

さすがの共産中国でも、今でも天安門に触れることは禁じており、ネットでも出てこない。直ちにアメリカを筆頭とする自由主義国陣営は中国に対して経済封鎖をした。

経済封鎖を受けた当時の党書記・鄧小平は、日本の政財界に働きかけ日中友好を説き、微笑みかけてきた。

当時の日本の首相は芸者の手切れ金問題で半年も持たず辞めた宇野元首相だが、サミットで中国を孤立させるべきではないと主張、最初に解除したのは日本であり、海部元首相の時です。円借款を再開し西側諸国から背信行為として非難された。それをみて他の国も日本に独り占めされてはかなわんと一斉に経済封鎖を解除、中国は息を吹き返した。

さらに秘話がある。1992年4月、江沢民総書記は日中国交20周年を口実に訪日し、田中元首相と会い、天皇陛下訪中を持ちかけている。

江沢民総書記は天皇訪中が実現すれば、中国は二度と歴史問題を提起しないとさえ言っている。

中国は「天皇の訪中さえ実現すれば他の西側諸国、特にアメリカの対中経済封鎖が崩壊する」という戦略で動いていた。その戦略は見事に当たり、同年10月天皇陛下訪中が実現すると、アメリカも直ちに経済封鎖を解除して西側諸国はわれ先にと中国の投資を競うことになるのである。

平成30年10月日中首脳会談を終えて安倍総理が喜んで中国から帰り、「中国問題は完全に解決した」と誇らしげに2月の国会施政方針で演説したが、私は口をあんぐり、思わず「それは嘘だよ」とテレビの前で独り言を言った。政府側も野党も国民も黙って聞くだけで、文句を言う人は1人もいなかったようだ。

私は言う、何も解決していないではないかと。決まったのは相手が要望する一帯一路に協力すると、こっそり中国のアメリカとの貿易戦争による金融危機に備えるスワップ協定にサインしただけである。そして、

1、尖閣への中国警備船の連日の威嚇行動
2、首相他閣僚の靖国公式参拝を非難
3、日本市民のスパイ容疑による12名の逮捕、拘留問題
これについては問題として申し入れたが「善処する」だけで具体的行動はゼロ。すでに5年〜12年の実刑判決された人数は5名である。
4、尖閣諸島は話題にもしないし、反日運動中止要求もないようだ。その上習近平国家主席の来日要請とは、私の情報収集能力が無いからかも知れないが、新聞では既に決まったような論調で、あとは日程だけとか。馬鹿にするのもほどがある。私は来日反対だ。

以上、諸々の話を聞いて怒らない日本人は腰抜けだし、中国に舐められっぱなしだ。安倍首相のやっていることは、またもや同盟国アメリカへの裏切りではないか。

私はもう若くはないが、「習近平来日の反対」のデモならたとえ少人数でも仲間を連れて参加するし、誰もやらないなら10人でもやる。これが私の外交方針の提案です。

事実、当時の銭 其琛外交部長（大臣）は、回顧録で「天皇訪中を対中制裁を破壊する上で積極的作用を発揮した」とし、また「日本は最も結束が弱く、天皇訪中は西側諸国の対中制裁の突破口となった」とも言っている。

こうしてこの時期、世界第2位のGDPを誇っていた日本は20年後の2010年には中国に追い越され、今では中国の3分の1になっている。

中国を世界2位の経済大国にのし上がらせたのは、ほかならぬ日本である。

そうしておきながら経済封鎖が解除されると同時に、江沢民は愛国主義の教育の元に猛烈な反日教育を始めた。日本は「歴史問題」の地雷を踏んではならないとの威嚇に対し、わが国はただひたすら平身低頭なのである。

中国を第2の経済大国に押し上げることに貢献したのが日本だとすれば、歴史を再び繰り返して世界1の経済大国アメリカを追い越し、中国を宇宙大国にもっていくことに貢献しようとしているのも日本だと言えよう。

甘い言葉にだまされてはいけない。中国のいう「日中友好」は中国に都合のいい時だけ使う言葉であることを日本人ももっとはっきり気づく時が来たのです。

アメリカの新しい波　サンダース現象とトランプ現象

２０１６年のアメリカ大統領選挙の前評判は、ヒラリー・クリントン圧勝の予想であった。ところが春3月の民主党の予備選挙で異変が起こる。

有力選挙区で無名のバーニー・サンダースが次々とクリントン陣営を破り、あわやというところまでクリントン候補を追い詰めたのである。

以下堤未果氏『政府はもう嘘はつけない』（出版社 KADOKAWA）の現地レポートより要約

8年前チェンジとウィキャンで多くの若者を熱狂させて当選した民主党オバマ大統領であったが、期待に反し一部大企業の利益誘導政策は変わらず、状況は1％の超富裕層、それ以外の国民格差はますます拡大した。

クリントン夫妻の政治姿勢も同じウォール街の代弁でしかない。

もう2度と政治なんか信じるものかと諦めかけていた若者たちの前に突如現れた白髪頭の74歳のバーニー・サンダース。自ら社会主義者だといってはばからない。

サンダースの公約は
・1％層が巨額の献金で支配する金権政治に終止符を打つ
・富裕層への増税で公教育の無料化と国民皆保険を実現する
・軍事費を減らし適切な法人税を納税させ全国民にまともな暮らしを保証する
・他　※アメリカでは高い医療費で個人破産する人が多い。（日本は世界一と羨ましがられる）一例、アメリカでは盲腸で1日入院したら160万円、ニューヨークでは220万円という。

ニューヨーク州にバーニーがやってきた時、若い青年ロバートがこう尋ねたという。

「本当にアメリカを変えられますか」

「もちろんできるさ、私と君が望み分断しようとする力に立ち向かう行動を起こしさえすればね」

「バーニーが起こした政治改革命はこの選挙だけで終わらないと確信したんです。なんていうか政治家を選ぶためとか、そういう単発の目標だけじゃない、もっと長い時間をかけ50才年下の僕ら自身の手で作っていくんだなぁという根拠のない自信のようなものですね。」

「オバマ政権下で1%層のための政策がどんどん実行されるのを見て、初めて気づきました。選挙は一つの通過点にしか過ぎないことに。その後も国会を見て大統領や議員を見て法律をチェックしないと、いつの間にか社会は変えられます。面倒臭い気もするけれども社会を作ってゆくことはそういう地道な作業の積み重ねで、ヒーローがやってきて魔法のように変えてくれるわけじゃない。オバマ選挙の時はそんな夢を見ていたが僕も少しは大人になりましたよ。」

共和党が指名したトランプ候補はどうですか。

「はじめはぶっ飛んだ発言が多くてジョークのネタかとバカにしていたけれど、言っていることの根本はバーニー・サンダースとよく似ていますね。

2人とも既存の共和党員と民主党員じゃないよそ者だし、1%に金で買われたこの国をもう一度99%の国民が豊かになれるアメリカに戻すと言っている。

教育、年金や国民皆保険、雇用創出に使うとか。違うのは不法移民の排除だけど、興味深いことに今回の選挙でロバートは初めてトランプを支持する中流以下の白人や地方公務員の気持ちがわかったという。

彼等も1%だけのためのこの国の政治に裏切られ、切り捨てられてきた同じ米国民なのだ。

同じコインの表と裏であるトランプとサンダース

既存政党の常識を破る形で現れた二人の候補者は、過去数十年かけて「株式会社国家」と化したアメリカへのアンチテーゼ、最後のウェイクアップ・コール、即ち目覚まし時計だろう。そしてアメリカの大統領選挙現象が全米のあちこちで、全く異なる価値観が国境を超えてぶつかり合っている。

バーニー・サンダースが政治に絶望したたくさんの若者を前にこういった。

「問題は天から降ってきたわけではない。人間がまずい決定によって創り出したものは、人間による良い決定で変えることができる。」

※次のまた次の大統領選挙に民主党から誰が出るか、再びサンダースか、もっと過激な若い人が出るのか。よその国といえ興味は尽きない。アメリカが変わると、世界が変わるから。

「今だけ、金だけ、自分だけ」

「今だけ、金だけ、自分だけ」というキャッチ・フレーズがある。素晴らしい言葉と思いせんか。

政治もマスコミも国民も皆同じです。今さえ良ければ将来のことは考えない。全ての現象をお金で換算する。受験もスポーツも政治もオリンピックも万博もカジノも必ず経済効果を言う。

個々のスポーツ選手の稼ぎを事細かに伝え、小学生の夢が超一流の選手になることだともてはやす。100万人中一体何人が超一流になれるのでしょうか。異常な社会です。人生の価値をお金だけで判断することはおかしなことなのです。人間にはもっと生きるに値する価値があることを教える大人はいないのでしょうか。

尚、「今だけ、金だけ、自分だけ」のフレーズは堤未果氏の『政府はもう嘘をつけない』（角川新書）にあります。言い始めは鈴木宣弘東京大学院教授とも池田整治元自衛隊陸将補とも云われています。

少子化問題の解決による効果

我が国にサンダース現象が起きたら、若い優秀なリーダーが目覚め、生まれる土壌ができる。

第一　明治維新以来150年いや江戸幕府時代を含めれば、300年、400年間、歴代の政府は、大企業又は富める者への政策を数々こなしてきたが、ただの一度たりとも低所得・貧困層への根本的救済はなかった。

西南戦争の時、岩崎弥太郎への海運業への膨大な支援、支出。近代産業育成、発展のための鉱山、造船、繊維、鉄鋼、ビール等々の事業の払い下げをはじめとする金融政策、産業界への利権、税制、戦後高度成長時代の税制、数えきれない補助金。その一方、国民の不満としての多くの一揆、大塩平八郎の乱、日露戦争後の凄惨な筑波山農民反乱に対する軍隊による弾圧。

昭和11年2・26事件のひとつのきっかけとなった東北地方飢饉による農村の娘身売り。経世済民の民を救うことを何もやらなかった。富の再分の思想、理論を主張する政治家、リーダーは遂に出現しなかった。

今現在は、もしかすると明治元年から敗戦までの（1868〜1945）約80年、戦後から平成30年（1945〜2018）まで73年。80年周期説というのがあるのか、ないのか分からないが、今は社会構造が歴史的な段階期を迎えようとしているのかも知れない。その主因が少子化と格差社会である。

労働者でなく勤労者という言葉をあえて使いますが、わが国が西欧と違うのは働く人の多くが過激なる思想を好まない。働くことをレイバーでなく仕事をするということは人間として立派な事だ。江戸時代中期の町人学者、石田梅岩の高い価値観、人生観に共鳴する体質が、戦後の大家族主義につながっているからでしょう。

その役割を果たせるのは、今の自民党のリーダーではない。烏合の衆の野党でもない。新しい時代の若い政治家の出現を天の声は望んでいる。

側聞するところによれば、２０１７年7月、自民党の未来を考える勉強会（代表呼びかけ人　安藤裕衆議院議員）がさまざまな新しい提案をまとめ、内閣に提出した。報道によると2回生議員約１００名の内、29名が賛同したとの事。わが国の希望の星となるかどうか。

残念ながら現在の大衆は無知、無気力、刹那的で、優秀なリーダーが出なければ自ら行動できない。自民党の若い1年生、２年生の中から優秀なリーダーが生まれる事を期待したい。

第二は、日本の経済が活性化し、国民に自信と希望が生まれる。家計の急激な成長が始まりＧＤＰは低迷を脱し、失われた30年間の回復、復興、経済ルネッサンスが始まり、日本社会が活性化し、今の高校生、中学生に夢と希望を与える。

20兆円のカンフル剤は直ちに全額消費行動となり、お足理論でその波及効果は30兆円を超えるだろう。30兆円の消費増はＧＤＰ５６０兆円の１%が5・6兆円だから20兆円で3

％、30兆円で５％の伸び率となる。

アメリカの３％、ＥＵの２％をはるかに上回り急速に失地回復する。当然ながら税収も増加する。国内ではようやく国民全体が好況感を持ち、教育、科学、研究、広義の安全保障に至る多くの分野で未来が開かれる。

ピンチはチャンス。有史以来の急激な少子化こそ我々日本国に与えたチャンスである。日本民族はその能力とエネルギーが有ると信ずる。

あとがき

日本の少子化「問題」は、議論はあれど対策がない。ネックは財源です。1兆円や2兆円でやれるわけがない。国難というならそれ相応の10兆円、20兆円単位の予算をどう捻出するかです。

本書の最大の特徴は、財源と具体的な対策です。近代の国民国家は、運命共同体であり、国民総意のもとに挑戦するなら今の日本の国力で十分少子化は克服できます。何よりもフランスができて日本ができない理由がない。

要は、やる気とリーダーシップと高い志ですが、そのベースには、多くの人が危機感と目標に自信を持つことでしょう。

そのためには、今、わが国で何が起きているか、という情報が正しく知らされることです。

わが国のインテリジェンスの巨峰と言われる西尾幹二氏は、ある雑誌で、「しかるべき情報をいくら出しても、今の日本では誰も反応しない。私は日本の将来に絶望的だ」という意味のことを書いています。

私も同感ですが、諦めません。絶望したら終わりです。

私の主宰する中小企業歴史経済研究所は、まことに小さいシンクタンクです。シンクタンクなどと呼べるものではありません。日本には、銀行系、企業系の何百人という人数で活動しているシンクタンクが多くありますが、いずれも政府、大企業向けの情報であり中小企業、一般大衆向けはほとんどありません。

大企業や富裕層の増税による富の再配分、アメリカ、ヨーロッパで起きている格差社会など新しい時代の潮流など、研究、発表したことがあるのだろうか。

本書を出版するために、たった3名と1年5ヶ月の期間で、私達はGDPゼロの原因、新しい時代の日本的経営から生まれた非正規社員の実体、ヨーロッパでは成功した少子化、日本の大企業、富裕層優遇の税制、内部留保等が、不完全ではあるが概要は掴めました。

あと教育問題、いじめの解決法、さらに大新聞で今も続いている「日中記者協定」、中国の都合の悪いことは書かないため多くの日本人は中国の情報を知らない。

私達は、これらの情報を会報やインターネットを通じ、あるいは小規模の講演会を通じ、根気よく5年、10年と続けてゆくつもりです。

将来は20人、30人の調査員を持ち、より詳細な情報を発信してゆきたいと念じています。

最小の経費をまかなうためにも多くの皆さんの加入をお願いします。
スローガンは「今だけ、金だけ、自分だけの堕落した日本社会を変えよう」です。

一般社団法人 中小企業歴史経済研究所
〒110-0005
東京都台東区上野7-3-9-208
電　話03-5246-4750
FAX03-5246-4754

参考資料

1、『日本の統計』 2018年度版 総務省統計局
2、『世界の統計』 2018年度版 総務省統計局
3、『未来の年表』 河合雅司 講談社現代新書
4、『人口減少と社会保障』 山崎史郎 中公新書
5、『日本が売られる』 堤未果 幻冬舎新書
6、『政府はもう嘘をつけない』 堤未果 角川新書
7、『税金を払わない巨大企業』 富岡幸男 文春新書
8、『「中国製造2025」の衝撃』 遠藤誉 PHP研究所
9、『財務省が日本を滅ぼす』 三橋貴明 小学館
10、『静かなる日本侵略』 佐々木類 ハート出版
11、『新・日本の階級社会』 橋本健二 講談社
12、『坂の上の雲』及び『随筆集』 司馬遼太郎 文藝春秋社
13、『10%消費税が日本経済を破壊する』 藤井聡 晶文社

14、『フランスの少子化成功例』　柳沢房子　厚生省ホームページ
15、『少子化白書』　平成30年度版　国立人口問題研究所

中村 功（なかむら　いさお）

昭和 11 年 5 月 27 日、大阪生まれ。7 人兄弟の三男
昭和 30 年 3 月、香川県立高松商業高等学校 卒業
昭和 30 年 4 月、出光興産（株）入社
昭和 44 年 2 月、東日本ハウス（株）設立
平成 06 年 9 月、経営者漁火会設立 会長就任
平成 14 年、大江戸温泉物語 代表取締役
平成 29 年 8 月、（一社）中小企業歴史経済研究所設立 代表理事（現任）

自滅へ向かうアジアの星　日本
少子化こそ、わが国未曽有の国難だ

2019 年 4 月 7 日　第 1 刷発行
2019 年 4 月 25 日　第 2 刷発行

著　者　中村　功
発　行　一般社団法人 中小企業歴史経済研究所
発売者　斎藤 信二
発売所　株式会社　高木書房
〒 116-0013
東京都荒川区西日暮里 5-14-4-901
電　話　03-5615-2062
FAX　03-5615-2064
メール　syoboutakagi@dolphin.ocn.ne.jp
装　丁　株式会社インタープレイ
印刷・製本　株式会社ワコープラネット

乱丁・落丁は、送料小社負担にてお取替えいたします。
定価はカバーに表示してあります。

 ISBN978-4-88471-814-5　C0033　Printed Japan